KB055405

백년의 독서

• 일러두기
이 책은《망치 들고 철학하는 사람들》(범우사, 1995)의 개정판임을 밝힙니다.

백년의 독서

지은이 | 김형석
초판 발행 | 2021. 05. 26.
11쇄 발행 | 2024. 05. 23
등록번호 | 제1988-000080호
등록된 곳 | 서울특별시 용산구 서빙고로65길 38
발행처 | 비전과리더십
영업부 | 2078-3352   FAX | 080-749-3705
출판부 | 2078-3331

책값은 뒤표지에 있습니다.
ISBN 979-11-86245-38-5 03320

독자의 의견을 기다립니다.
tpress@duranno.com   www.duranno.com

ⓒ 저자와의 협약 아래 인지는 생략되었습니다.
이 출판물은 저작권법에 의해 보호를 받는 저작물이므로 무단 전재와 무단 복제, 무단 사용을 할 수 없습니다. 이를 어길 시 법적 조치를 할 수 있음을 알려드립니다.

비전리더십은 두란노서원의 일반서 브랜드입니다.

김형석 교수를 만든

백년의 독서

김형석 지음

비전과리더십

차례

이 책을 읽는 분에게

내가 어렸을 때는 우리 집에 어린애들이 읽을 만한 책이 한 권도 없었다. 우리 집만 그런 것은 아니었다. 교회 다니는 사람들의 집에 있는 성경과 찬송가책을 제외하고는 마을에 거의 책이 없었다고 보는 것이 맞다.

나도 초등학교를 졸업할 때까지 교과서 이외의 책을 읽어 보지 못했다. 우리말로 된 아동문고쯤은 학교에 갖추어 두었음 직도 하지만 현실은 그렇지 못했다.

평양에 있는 숭실중학교에 입학한 것이 14살 때였다. 다행스럽게도 우리 학교가 숭실전문학교와 같은 캠퍼스에 있었기 때문에 전문학교를 위한 도서관이 있었다. 이층으로 된 도서관에는 많은 장서가 있었고 상급생들이 도서관에서 아르바이트를 했다. 대부분의 장서는 일본어로 된 책들이었고 전문학교 학생과 선교사들을 위한 영어 책들도 있었다. 그러나 한글 책은 그다지 많지 않았다. 생각해 보면 1930년대에는 우리글로 출판된 책들이 그리 많지 않았던 것 같다.

중학교 2학년 때부터 나는 그 도서관을 이용하면서 적지 않은 책들을 읽었다. 독서에 굶주려 있기도 했지만, 사실 독서를 하지 않고 학교 공부만 하는 것은 성에 차지 않기도 했다. 그것이 반드시 좋은 일은 아니었으나 나는 학교 공부보다 책 읽기에 더 많은 흥미를 느꼈고 책을 읽는 데 더 많은 노력을 기울였다.

그 당시 만일 좋은 스승이나 부모님이 나의 학업과 독서를 조화롭게 이끌어 주었다면 크게 도움이 되었을 것이다. 지나친 독서는 어린 나에게 큰 부담이 되었다. 물론 지금 후회하지는 않는다. 그 습관이 나로 하여금 오늘의 사상과 문필을 육성하는 데 큰 도움을 주었기 때문이다.

지금도 사람들이 종종 좋은 글을 쓰는 방법이 무엇이냐고 묻는다. 물론 내가 좋은 글을 쓰는 편은 못 되지만, 그때마다 나는 좋은 글을 많이 읽으라고 권한다. 그러면 자연히 좋은 글을 쓰게 될 것이라고 말할 수밖에 도리가 없기 때문이다.

어떤 이들은 "다독(多讀)과 정독(精讀)의 조화를 어떻게 생각하는가?" 묻는다. 나는 "이해할 수 있는 좋은 책은 많이 읽을수록 좋다"고 대답한다. 전공 분야의 독서는 자연히 정독이 될 테니까.

또 어떤 이들은 "오늘날과 같은 각종 미디어와 정보사회에 살면서도 예전처럼 독서가 필요한가?" 하고 묻는다. 나는 "그렇기에 독서는 더욱 필요하다"고 대답한다. 정보는 생활에 필요한 보도일 뿐 내 삶을 키워 주지는 못한다. 신문과 텔레비전 등은 살아가는 데 상식을 제공할 수는 있으나 내 영혼을 살찌게 하고 삶의 내용을 풍부하게 해 주지는 못한다. 역시 독서는 인간적 삶을 풍요롭게 해주는 가장 중요한 방법임을 의심할 수 없다.

이런 생각을 품고 반세기에 걸친 세월을 이어 오고 있을 무렵, 한 출판사에서 나의 독서 이야기를 정리해 주기를 청해 왔다. 내가 그 분야의 전문가도 못 되고 나의 독서 생활이 어떤 기준이 되는 것도 아니기 때문에 망설였다.

그러나 우리 시대에 이렇게 책을 읽으면서 살아 온 사람이 있었다는 기록을 남기는 것도 좋을 것 같다는 생각으로 출판을 수용하게 되었다. 게다가 당시 사회적으로 '책의 해'가 선포되었고 독서에 대한

관심을 높이는 일이 사회 모든 면에서 도움이 될 것 같다는 데 생각
이 닿았다. 또한 그 즈음 '한우리 독서운동'에 작은 뜻이나마 모으고
있던 때여서 그 제안을 받아들이기로 했다.

27회에 걸쳐 연재된 내용이기 때문에 적지 않은 양의 원고가 되었
다. 연재를 끝내고 이렇게 단행본으로 엮어 독자들 앞에 책으로 내놓
게 되고 보니 독자들을 위해 체계적인 내용과 뜻있는 길잡이가 되는
글들을 썼으면 좋았을 텐데 하는 아쉬움도 없지는 않다.

무엇보다 아쉬운 것은 내가 대학 강단에 있으면서 더 많은 관심과
열정을 갖고 읽었던 전문서적들은 일반 독자와 호흡이 맞지 않아 대
부분 실을 수 없었던 점이다. 또 한 가지 아쉬운 것은 지금의 젊은 세
대들이 즐겨 읽는 책들을 취급하지 못했다는 사실이다. 물론 나 자신
도 그중의 몇 권은 읽었고 지금도 계속 그런 책들을 손에 잡기도 한
다. 그러나 그 대부분이 나의 정신적 양식이 되어 인간적 성장에 크
게 도움을 주거나 영향을 미치지 못했으므로 언급하지 않기로 했다.

이다음에 어떤 필자가 나와 같은 독서 이야기를 쓴다고 해도 그럴

것 같다. 역시 독서란 고전적 의미가 있어 값진 것이며 지성적 교양을 갖춘 독자들과의 대화가 가능할 때 그 가치가 있을 것 같다. 나도 신문에 연재되고 있거나 연재되었던 문학책 등을 여러 권 읽었지만, 그런 책들은 왜인지 재음미해 보고 싶은 생각이 들지 않았다. 책은 언제나 살아 있어서 객관적 생명력과 의의를 지니고 있을 때 그 가치를 인정받는 것이 아닐까 한다.

이 책을 처음 쓴 20여 년 전이나 지금이나 나 자신의 마음이 그렇게 늙었다고는 생각지 않는다. 좀 지나친 표현인 것 같지만, 나는 책만 손에 잡으면 언제나 그 책의 주인공이 되고 책의 내용과 같은 삶을 호흡하게 된다. 20대의 연애 감정에 잠기거나 종교적 고뇌에 빠져들기도 하며 철학적 사색의 심연에 머물기도 한다.

확실히 독서는 나로 하여금 시간과 공간을 초월한 삶의 열정과 꿈을 안고 살도록 이끌어 준다. 독서가 영원한 삶을 살게 해준다면 과장이며 거짓일 것이다. 그러나 현실에서 깊이 있는 가치를 추구하면서 살도록 이끌어 준다는 말은 결코 과장도, 거짓도 아니다. 지금도

그런 책에 도취되어 살며 어떤 연구 문제와 씨름하고 싶어 책을 들추
는 때가 있다. 14살 때 독서를 시작한 이래 지금까지 그 독서가 나에
게 젊음과 꿈을 계속 안겨 주고 있다는 사실에 한없는 감회와 감사를
느낀다.

'독서의 길은 영원하다'는 말이 독자들의 고백이 될 수 있다면 얼
마나 좋으랴.

2021년 5월

김형석

part 1

책을 만나 꿈을 키우다

철없던 시절에 만난
톨스토이의 대작들

≡

옛날 가난한 시골에서 초등학교를 다녔던 나는 책을 읽는다는 것은 모르고 자랐다. 학교 공부를 위한 교과서 이외에는 읽을 책이 없었기 때문이다. 아버지는 나를 위해 여러 가지로 마음을 써 주었으나 동화책이나 어린이가 읽을거리를 구해 주지는 못했다. 그런 것을 보면 당시에는 교과서 외에는 읽을 만한 책이 별로 없었던 것 같기도 하다.

시골에서 초등학교를 졸업하고 평양의 숭실중학에 입학했다. 처음 1년 동안에도 교과서 외의 독서는 모르고 살았다.

마음 저리며 탐독했던 『전쟁과 평화』

중학교 2학년 때 일이다. 당시에는 숭실중학과 숭실전문학교 중간에 이층짜리 기와집으로 된 크지 않은 도서관이 따로 있었다. 주로 전문학교 학생들이 이용하는 도서관이었다.

어느 날 나는 친구와 같이 그 도서관을 찾게 되었다. 도서관에는 중학교 선배들이 시간제 아르바이트를 하고 있었다.

나는 한 선배에게 서고를 좀 구경시켜 달라고 부탁했다. 서가에는 많은 책이 있었다. 여기저기를 둘러보다가 『전쟁과 평화』라는 3권으로 된 책을 발견했다. 당시는 일본이 우리나라를 거쳐 만주와 중국 북동부를 침략하는 전쟁이 벌어지고 있던 터라, 나는 이 세상에서 가장 큰 문제는 전쟁과 평화라고 생각하며 저 책을 한번 읽어 보자는 무모한 욕심을 냈다.

상급생에게 대출을 받으려고 했더니 그는 약간 당황하는 표정을 지었다. 마치 너 같은 어린애가 어떻게 이런 대작을 읽느냐는 눈치였다. 그러나 책을 빌려주기는 했다.

나는 그날 저녁부터 그 책을 읽기 시작했다. 지금 생각해 보면 철 없는 모험임에 틀림없었다. 그러나 책에 굶주려 있던 때문이었을까, 나는 무조건 읽어 내려갔다. 일본어로 번역된 데다 내 일본어 실력도 부족해서 그 내용을 파악하기에는 능력이 달렸다.

얼마를 읽고 난 뒤에야 그것이 전쟁과 평화의 문제를 취급한 저작이 아니라 장편 대하소설이라는 것을 알게 되었다. 그리고 읽는 양이 늘어남에 따라 점점 책의 내용도 더 쉽게 이해할 수 있게 되었다. 사실적으로 묘사된 러시아 귀족들의 생활상과 전쟁의 장면들이 눈앞에 전개되는 것 같은 인상을 받기도 했다.

그때는 나의 기억력이 왕성한 시기였다. 한국 남자의 기억력은 17세가 절정이라고 한다. 그러니까 어려워서 이해하지 못한 부분도 있었지만 이해할 수 있는 장면과 내용은 지금도 생생하게 기억이 난다.

『전쟁과 평화』는 너무 유명한 작품이기 때문에 훗날 영화로도 제작되었고 텔레비전을 통해 여러 차례 방영되기도 했다. 영화의 몇몇 장면들을 보면서 어려서 읽었던 장면과 내용을 회상하기도 하는데, 보고 있노라면 그렇게 흐뭇할 수가 없다.

가장 인상 깊게 남아 있는 주인공은 안드레이 공작이다. 그가 나이 어린 애인과 사랑을 이루지 못하고 전쟁터로 나가는 장면, 심한 부상을 입고 생사의 경계를 넘나들 때 나폴레옹을 보면서 유구한 하늘에 비하면 인간이 얼마나 왜소한 존재인가를 느끼는 장면, 누이동생이 목에 걸어 준 십자가 메달을 만지면서 삶의 의미를 희구하는 장면, 다시 러시아 군대로 되돌아가 치료를 받은 후 귀족사회와 전쟁의 소용돌이 속에서 참된 삶이 무엇인지 번민하는 모습, 결국은 전쟁이 끝나기 전 모스크바 동북쪽으로 피난을 가다가 영원히 눈을 감는 장면들이 지금도 화면을 보는 것처럼 떠오를 때가 있다.

안드레이 공작의 사랑을 뒤늦게 받아들이려던 애인이 공작의 죽음을 대하고는 '그는 나 같은 여자를 사랑하기에는 지나치게 고귀하고 성스러운 천사와 같은 분이었다'며 마음속으로 되뇌이는 대목을, 어린 나이에도 마음 저리며 탐독했던 기억이 새롭다.

『전쟁과 평화』에는 작가 톨스토이(L. N. Tolstoy)의 역사관이 상당히 강하게 깔려 있다. 지금도 역사나 역사철학을 연구하는 사람들은 그 책의 내용을 인용해 설명하기를 좋아한다.

당시 나는 그런 심오한 내용을 깨닫기에는 너무 어린 나이였다. 그런데 신기하게도 역사가들이 톨스토이의 역사관을 언급할 때면 내 기억의 밑바닥에 깔려 있던 내용이 다시 기억의 무대로 떠오르곤 한다. 기억에도 잠재력이 작용하는지 모르겠다.

작품 속에는 어째서 나폴레옹(Napoléon Bonaparte)의 강력한 군대가 패배와 도주의 쓴잔을 마셔야 했는지가 잘 설명되어 있다. 당시 러시아의 사령관은 모스크바를 사이에 두고 프랑스 군대에 강한 반격을 가한다. 그러고는 결전을 끝내지 않고 수도 모스크바를 비워둔 채 동북쪽으로 후퇴한다. 몇몇 부하들이 사령관에게 이의를 제기했다. 그들은 모스크바를 빼앗기면 전쟁에서 완전히 패하게 되는데 더 이상 후퇴는 있을 수 없다고 주장했다.

이에 대해 사령관은, "성난 호랑이 면전에서 덤벼드는 것은 어리석은 짓이다. 지혜로운 포수는 그 호랑이의 목덜미에 치명타를 안길 화살을 꽂은 뒤에 어디론가 숨어 버린다. 호랑이는 이곳저곳을 헤매다가 스스로 죽음을 재촉하는 법이다. 지금 나폴레옹은 모스크바만 점령하면 승리할 것으로 착각하고 있으나 다가오는 대륙의 추위와 긴 겨울은 따뜻한 남쪽에서 살던 프랑스 군대를 파멸로 이끌 것이다" 라고 설명한다.

모스크바 앞 산지에서 크게 치명상을 입은 나폴레옹의 군대는 모스크바로 들어와 승리의 개가를 부른다. 그러나 승리의 기쁨도 잠시, 그들은 곧 후회한다. 러시아 군인들에 의해 화염에 휩싸인 모스크바 시가지에는 당장 먹을 것도, 잠잘 곳도 없었기 때문이다.

나폴레옹의 군대는 대륙의 추위를 이겨 낼 능력을 갖추고 있지 못했다. 남은 것은 굶주림과 엄동설한의 엄습뿐이었다. 나폴레옹 군대는 승리의 기쁨은커녕 살아남기 위해 앞다투어 프랑스를 향해 도주하기 시작한다. 그때 러시아 군대는 군사 요지에 잠복해 있다가 프랑스군을 습격해 나폴레옹의 군대를 거의 전멸시켜 버린다. 러시아에 승리를 안겨 준 것은 광대한 대자연의 위력이었다.

이런 역사적 장면과 해석들이 지금도 어렴풋이 기억에 남아 있는 것을 보면, 나 자신이 그 작품에 심취되었던 것 같기도 하다. 역시 독서는 기억력이 왕성할 때 해야 한다는 생각을 확인하게 된다.

『전쟁과 평화』를 읽는 데 얼마나 긴 시간이 걸렸는지는 잘 모르겠다. 확실한 것은 그 3권을 끝까지 다 읽었다는 사실인데, 그 다음에 다른 책들을 계속 읽은 점으로 미루어보면 그렇게 오래 걸린 것 같지는 않다.

학교 공부는 거의 중단했을 정도로 시간만 허락되면 하루 종일 그 책을 읽었다. 한동안 나는 평양에서 집 가까운 기차역까지 기차로 통학을 한 적이 있다. 기차 안에서는 물론, 기차를 기다리며 정거장에서도 읽고, 시골 논두렁길을 걸으면서도 읽었다.

이렇게『전쟁과 평화』를 끝내고 나니 나 자신이 인생의 한 고비를 넘긴 것 같은 기분이 들었다. 갑자기 어른이 된 것 같아, 학교 교과서에서 배우는 내용들이 유치해 보이기도 했다.

일본어에 대한 자신감도 생겨 앞으로는 어떤 책도 읽을 수 있을 것 같았다.

문학적 감성에 눈뜨게 해준『안나 카레니나』

『전쟁과 평화』를 끝낸 뒤 나는 잠시 방향을 바꾸어 기독교 사상을 바탕으로 하는 종교 서적들을 읽었다.

당시에는 일본에 우편으로 책을 주문하면 며칠 만에 그 책을 받아볼 수 있을 정도로 편했다. 그때 읽은 책들 중에는 일본의 대표적인 기독교 지도자들의 가벼운 저서들이 포함되어 있었다.

그중에서도 가가와 도요히코(賀川豊彦)의 3부작으로 된 종교 소설이 가장 큰 비중을 차지했던 것으로 기억한다. 『사선을 넘어서』, 『태양을 쏘는 사람』, 『벽의 소리를 들을 때까지』로 되어 있었다. 그리고 당시에는 참 신앙과 가치 있는 삶을 느끼게 하는 저자의『한 알의 밀』이 크게 유행하고 있었다. 그러나 그의 책을 읽으면서 톨스토이의『전쟁과 평화』처럼 깊은 감명을 받지는 못했다.

당시 일본에는 세 명의 대표적인 종교 지도자가 있었다. 가가와 도요히코 외에 야마무로 군페이(山室軍平)와 우치무라 간조(内村鑑三)가 그들이다. 야마무로 군페이는 구세군 중장으로, 가난한 평민들에게

복음을 전하는 내용의 소소한 책들을 썼다.

성서학자인 우치무라 간조는 당시 일본과 한국의 지성인들에게 큰 영향을 미친 인물이다. 나는 우치무라의 저서는 훨씬 뒤에 읽었기 때문에 중학에 다닐 때는 이름만 알고 있는 정도였다.

이 밖에 주로 전도(傳道) 문고로 보급되는 짧은 신앙 수기나 전기 같은 책을 주문해 읽었다. 그런 책들은 신앙적인 체험과 고백이 주된 내용이었기 때문에 나의 신앙생활에 큰 도움을 주었다.

그런데 유감스러운 것은 우리나라 기독교 지도자들이 남겨 준 책 중에는 읽을 만한 책이 눈에 띄지 않았다는 점이다. 서점에서 얻을 수 있는 것은 성경 주석이나 교리 설명에 관한, 탐탁지 않은 내용의 책들이었다. 간혹 소개되는 책 중에는 번역이 신통치 못한 『천로역정』, 『성 프란체스코의 전기』 등이 있었고 간혹 유명한 목사님의 설교집이 있을 뿐이었다.

그러나 이러한 기독교 계통의 독서는 오래 계속하지도 않았고, 또 읽고 싶은 책들도 없었다. 어린 나이에도 그 책들은 내용이 빈약하다는 생각이 들었다. 그래서 중학교 상급반이 되면서 다시 톨스토이를 읽었다.

그 당시에는 톨스토이의 『부활』이 유행가의 제목이나 되듯이 보편화되어 있었다. 연극·영화, 어떤 때는 유행가의 가사에도 등장했다. 그리고 그 뒤부터 얼마 동안은 톨스토이 붐이 일본과 한국을 휩쓸었다. 우리나라에서는 춘원 이광수 등이 톨스토이를 업고 계몽주의 운동을 일으켰던 것 같다.

사실 『전쟁과 평화』를 읽을 때는 그런 분위기를 몰랐다. 또 톨스토이가 그렇게 훌륭한 작가이며 동양 사회에 선풍을 일으키고 있다는 것도 몰랐다.

몇 해 후에 일본에 갔더니 일본은 완전히 톨스토이의 왕국 같은 분위기였다. 일본은 본래 유행과 모방에 관한 한 세계 제일가는 나라이다. 고등학생들까지도 톨스토이를 읽지 않는 이가 없었고, 일본의 대표적 작가로 귀족 신분인 무샤노코지 사네아쓰(武者小路実篤)는 톨스토이를 모방한 농장을 만들어 개방하기도 했다. 그 자신은 톨스토이의 이름만 보아도 가슴이 설레곤 했다고 털어놓을 정도였다.

그런데 당시 우리나라 사람들 중에는 몇 사람이나 톨스토이를 깊이 알고 또 충분히 읽었는지 지금도 궁금한 생각이 든다. 톨스토이 이야기를 하지 않는 지성인이 없었고 목사들도 설교를 할 때는 톨스토이를 거론했으나 톨스토이를 충분히 이해한 사람들은 드물었던 것 같다.

어쨌든 나는 종교적인 몇 권의 책을 끝낸 뒤 다시 톨스토이로 돌아가 『부활』을 읽었다. 그 당시 『부활』은 일본뿐만 아니라 전 세계적으로 많이 읽혔던 책이다. 나는 지금도 어째서 그 책이 세계적인 베스트셀러가 되었는지 궁금하다. 마치 톨스토이와 『부활』을 모르면 지성인에 끼지 못하는 것 같은 분위기였다.

하지만 나는 『부활』을 읽으면서 『전쟁과 평화』에서 느꼈던 감명과 흥분은 얻지 못했다. 문학적 가치나 사상적 깊이를 알기에는 내가 아직 미숙한 점도 있었으나 약간 기대에 미치지 못한 것 같은 인상을 받으면서 『부활』 읽기를 끝냈다.

그리고 얼마 뒤에 『안나 카레니나』를 읽을 때는 『전쟁과 평화』 못지않은 자극과 감명을 받았다. 그때는 약간씩 문학의 예술성 같은 것을 깨닫고 있었기 때문에 톨스토이의 문예적 우월성을 상당히 강하게 느꼈고, 『부활』보다 높이 평가할 만한 작품이라는 생각이 들기도 했다.

안나가 남편을 등지고 브론스키와의 사랑에 빠지면서, 아들을 만나는 장면을 읽을 때는 눈시울이 뜨거워졌을 정도였다. 도스토옙스키(F. M. Dostoevskii)는 깊은 생각에 잠기게 하는 작가지만, 톨스토이는 가슴과 정으로 눈물을 흘리게 하는 작가로 생각되었다.

나는 지금도 톨스토이와 『전쟁과 평화』, 그리고 『안나 카레니나』를 알게 된 것을 고맙게 생각한다. 무척 많은 것을 느끼고 깨닫게 해준 작가와 작품이라고 믿기 때문이다.

중학 시절 맛본
한국 문학과 그 작가들

생각하며 사는 습관이 있고 마음의 준비가 되어 있으면, 우연한 일이 계기가 되어 자기 변화와 성장을 뒷받침해 주는 것 같다.

나는 어렸을 때부터 교회를 통해 민족과 국가를 위해 살아야 한다는 교훈을 계속 들어 왔다. 이스라엘 백성을 구출해 낸 모세와 에스더의 이야기는 수도 없이 들었다. 그러나 그 교훈은 뿌려진 씨앗과 같아서 땅 밑에 잠겨 있을 뿐이었다.

중학교에 입학한 뒤 우리에게 성경을 가르쳐 준 정재호 목사님을 대하면서부터 그 씨앗이 싹트기 시작했다. 지금 생각해 보면 그 어린 싹이 자라나서 오늘에까지 이른 것이 아닌가 싶다. 변변한 일은 하지 못했지만 나름대로 민족을 위해 살아야 한다는 뜻은 숭실학교 때 얻은 하나의 정신적 수확이다.

중학교 2, 3학년 때 일이다. 전임 선생 대신 한 학기 동안 국어작문

(그 당시에는 '조선어작문'이라고 불렀다)을 담당했던 전재경 선생이 최학송 (崔鶴松, 필명 최서해)의 〈담요〉를 비롯한 몇 작품을 소개하면서 설명해 준 일이 있었다. 그것이 계기가 되어 나는 문학이 어떤 것이라는 것을 짐작하게 되었다.

톨스토이의 작품들을 이미 읽었으나 그것은 독서를 위한 독서라는 편이 맞을 것 같다. 문학이 깃든 예술작품으로는 받아들이지 못했었다. 예술로서의 문학을 미처 몰랐던 것이다. 그것은 문학에만 해당하는 말은 아닐 것이다. 사진이나 그림을 볼 때도 예술작품으로 볼 수 있는 눈이 생긴다는 것은 차원 높은 감상을 할 수 있게 된다는 의미이다.

그 일을 계기로 나는 한국 문학에 눈뜨게 되었고, 그 당시까지 전해지고 있던 한국 문학들을 읽기 시작했다.

이광수와 심훈과 김동인의 작품을 읽으며

처음 읽기 시작한 것은 춘원 이광수(李光洙)의 작품들이었다. 『흙』을 제일 먼저 읽은 것으로 기억한다. 그리고 계속해서 『무정』을 읽고 『유정』을 읽었다. 당시에는 그다지 높이 평가되지 않았지만, 오히려 나는 이 『유정』을 열성적으로 읽었다. 친구 안병욱 교수도 『유정』을 가장 감명 깊게 읽었다고 말하는 것을 보면 소년기의 우리에게는 뭔가 통하는 점이 있었을지도 모른다. 그 당시에는 이 소설이 낭만(주의)적 작품일 것이라고 생각했다. 물론 후일에는 그런 생각이 어릴 적의 인상이었던 것을 인정한다.

이광수의 작품 중에서 『사랑』은 그가 기독교적인 인생관에서 불교적인 세계관으로 전환하는 시기의 작품이다. 그의 아들 이영근 씨는 내가 해방 이후 잠시 고등학교 교사로 있을 때의 제자였다. 이영근 씨가 한번은 아버지를 따라 우이동에 산책을 나간 일이 있었는데, 아버지가 자신에게, "너, 저 소의 눈을 자세히 보아라. 한참 보고 나면 저 소도 언젠가는 우리와 같은 사람으로 태어나 함께 살았던 것 같은 생각이 들지 않느냐?"라고 했던 말이 기억난다고 얘기한 적이 있다. 앞뒤를 미루어보면 그 즈음에 춘원이 인간 중심의 기독교 정신을 세계주의적 불교사상으로 발전시켜 갔던 것 같다.

그런데 이상하게도 그 당시 읽었던 춘원의 여러 작품의 내용은 거의 머릿속에 떠올릴 수가 없다. 그럴 필요를 느끼지 못해서인 것 같기도 하다. 그러나 춘원의 작품을 읽으면서, 그가 계몽주의자로서 우리나라 정신계에 큰 역할을 담당했다는 점과 휴머니즘의 미래를 열어 주었다는 점은 분명히 느꼈다.

그 당시에는 자유연애라는 말 자체가 생소했고 조심스럽게 쓰였을 정도로 큰 관심의 대상은 아니었다. 예전부터 이어져 내려온 유교 전통이나 새로이 태동하고 있는 기독교 사상의 입장에서 본다면 자유연애나 이와 관련된 작품들은 터부시되던 시대였다. 이상한 표현일지 모르지만, 나는 이광수에게서 '작은 톨스토이' 같은 맥락을 느끼곤 했다.

그러나 지금 생각해 보면 그때 춘원을 읽은 것은 한국 문학을 읽고 이해하는 데 이정표가 되었다. 고마운 일이다.

심훈(沈熏)의 『상록수』와 『영원의 미소』도 읽었다. 집이 시골이었고 농촌에서 자랐기 때문에 『상록수』는 생소한 느낌 없이 읽었다. 당시 뜻있는 젊은이들 가운데는 농촌으로 가서 조국을 살리자는 꿈을 가지고 있는 사람들이 꽤 있었다. 나는 그 두 책을 여름방학 동안 시골집에서 읽었던 기억이 난다.

여러 해 전, 우리 학생들에게 『상록수』를 소개해 주었더니 그것을 읽은 학생들이 쑥스러울 정도로 소박한 작품이었다고 평했던 기억이 있다. 마치 당시의 젊은이들은 『상록수』처럼 유치한 작품에 심취할 정도로 소박했느냐는 표정이었다.

지금의 젊은이들은 '유치한 이상주의'를 빨리 버려야 할 사치품으로 여기는 것 같다. 여자의 손수건을 가슴에 품고 애태우는 장면이나 남녀가 서로 손을 잡는 장면이 심도 있게 서술되어 있는 것이 유치해 보일 수도 있을 것이다. 그러나 당시의 청춘들은 그런 감상적 이상주의 속에서 꿈을 키우며 자랐다.

당시에는 이처럼 대중을 위한 계몽주의적 작품이 읽히는 한편으로, 순수한 문예성을 추구하는 작가들도 꾸준히 활동하고 있었다. 그 중 김동인(金東仁)의 단편들은 춘원이나 심훈과 같은 대중성은 얻지 못했지만 생각 있는 젊은이들의 관심을 끌었다.

나도 김동인의 단편들을 읽으면서 그 예술적 분위기에 빠져들곤 했었다. 톨스토이와 같은 대작을 읽은 뒤였기 때문에 깊은 감동은 느끼지 못했으나, 그래도 우리 문학과 작품이라는 점에서 애착심 같은 것을 간직하면서 읽었던 기억이 있다. 그러나 후에 다시 한번 읽어야 겠다는 기대감은 생기지 않았다. 그저 우리 것이기 때문에 읽어야 한 다는 의무감 같은 것을 느꼈던 것 같다.

지금 생각해 보면 이러한 나의 독서 순서가 좋은 편은 못 되었던 것 같다. 그것은 스위스의 알프스산이나 아메리카를 남북으로 가로 지르는 로키산맥의 봉우리들을 본 사람이 우리나라의 산들을 보는 것과 같은 이치이다. 설악산이나 지리산은 사랑받을 만한 산이지만, 알프스산이나 로키산을 본 사람에게는 감동의 대상이 되기 어려운 것에 비교할 수 있을 것 같다. 오히려 한국 문학을 먼저 읽고 그다음 에 외국 문학이나 세계문학을 읽는 것이 좋았을 것 같기도 하다.

숭실학교 시절 이효석·윤동주에 대한 회상

내가 숭실학교에 다니던 시절에는 같은 캠퍼스 동쪽에 있는 숭실 전문학교에 국문학자 양주동(梁柱東)과 작가 이효석(李孝石) 선생이 출 강하고 있었다. 나는 양주동 선생의 강연이나 글을 읽을 기회는 있었 으나 이효석 선생을 직접 대면한 일은 없었다. 가냘플 정도로 깡마른 체구에 영국 신사 차림으로 출퇴근했던 이효석 선생은 마치 누구에 게 들키면 안 될 것처럼 조용히 같은 길을 거닐었다고 전해 들었다.

이효석 선생은 비교적 일찍 폐환(肺患)으로 세상을 떠났다. 선배들 의 얘기에 따르면 그의 장례식에는 평양에서 널리 알려져 있던 왕수

복이라는 기생이 깊이 애도하는 마음으로 참석했다고 한다. 어쨌든 이효석 선생은 어린 우리에게 멋진 작가라는 인상을 남겨 주었다.

나도 당시에는 이효석 선생의 애독자 중 한 사람이었다. 문학이 예술이라는 것을 깊이 깨닫게 해준 작가였다. 『메밀꽃 필 무렵』은 강원도 일대의 자연과 서정적인 장면들을 보여주는 듯해 인상적이었다. 아직 철이 덜 든 나이였기에 그의 작품에 자주 등장하는 남녀 간의 성적(性的) 표현은 호기심이 앞설 정도로 상상의 내용으로 떠올랐다.

나는 우리 문학의 내용과 위상도 잘 모른 채 작품들을 읽은 편이었다. 우리나라 문학에도 일정한 장르가 있었다. 다른 학문과 마찬가지로 문학에 대한 관심도 세계문학을 통해 직접 들어왔다기보다는 일본을 거쳐서 재평가되곤 했던 것 같다.

몇 편의 문학평론이나 비평서를 읽어 보기는 했으나, 관심도 적었고 배우려는 성의도, 문학을 문학으로 받아들일 능력도 없었다. 또 솔직히 말하면 일본 문학이나 외국 문학에 비하면 아직 우리 문학은 초기 단계에 머물고 있는 것 같은 인상이 짙었다.

그 당시 상급반에는 작가 황순원(黃順元)이 재학 중이었고, 시인 윤동주(尹東柱)는 같은 반에서 수학했다. 만일 그때 그런 이들과 친구가 되었다면 나도 상당히 큰 영향을 받았을지도 모른다.

그러나 불행하게도 그런 기회를 놓쳤다. 당시의 숭실학교는 어느 정도 미국식 교육으로 운영되어서 학생들이 기숙사 생활을 하고 있었다. 기숙사에 머무는 동안에 깊은 우정이 싹텄고, 신앙의 동지들이

뭉쳤는가 하면, 음악·체육·문학의 정신적 동지들이 생기곤 했다. 지금 생각해 보면 그 당시 내가 기숙사 생활을 하지 못한 것이 못내 아쉽다.

또 나는 체소(體小)한 편이어서 언제나 학급에서 앞줄을 차지했다. 두 번째 줄에조차 앉아볼 기회가 거의 없었다. 그런데 윤동주를 비롯한 친구들은 뒷자리에 있었기 때문에 나는 우정의 손해를 본 셈이기도 했다. 만일 윤동주 같은 친구와 오래 같이 지냈다면 우리 문학에 관한 소양도 깊어졌을 것이라고 회상해 보곤 한다.

어쨌든 당시에 널리 알려져 있던 대표적 장편 문학들은 거의 읽은 셈이었고 시(詩)들도 읽었다. 하지만 불행하게도 수필이나 수상문들은 많이 읽지 못했다. 또 마음을 끄는 작품들도 별로 없었던 것 같다.

한국의 문화와 얼을 느끼지 못한 아쉬움

이제와 생각해 보면 일제의 정치적 식민지가 되었다는 것보다 경제적 예속 국가가 되었다는 것이 더 우려스러운 문제였고, 그보다도 문화적 식민지로 퇴락하고 있었다는 사실을 모르고 살았다는 것이 더 큰 잘못이었다.

자유중국(중화민국, 타이완)의 원주민은 중국인도 아니며, 물론 일본의 통치 밑에 있었다고 해도 일본과는 상관없이 성장했다. 과거에 타이완의 원주민들이 독립을 호소하며 쟁취하려고 노력했지만, 그들의 독자적인 문화가 없어 마침내는 중국의 정신적 영토로 환원될 것이라는 의견이 많았다. 자신들의 언어와 문자가 없어 타이완의 생명을 계승할 문화가 탄생하지도 못하고 성장할 수도 없을 것이라 여겨졌기 때문이다.

내가 자란 일제강점기의 분위기가 그러했다. 나 자신이 한국 문학과 우리글로 된 책을 읽으면서 언제나 느낀 것은, 우리 것보다 일본 것이 앞서 있으며, 일본의 문화보다 서양의 학문과 문화가 더 높은 차원에 있다는 것을 인정치 않을 수 없다는 점이었다. 그것은 슬픈 일이며 잘못된 생각이었다. 그러나 당시의 우리는 정치적 독립이 최대 과제라고만 여겼지, 경제나 문화적 독립은 미처 생각지 못한 채 자랐다. 철이 없었다기보다는 사회적으로 그런 분위기가 형성되어 있지 못했다.

지금 회상해 보면 그때 우리 문학과 책들을 읽으면서 좀 더 한국적인 문화와 '얼'을 느낄 수 있었더라면 얼마나 좋았을까 하는 후회가 가시지 않는다. 당시 일본 학교나 공립학교를 다닌 친구들 중에는 그런 분위기를 느끼지 못했고, 그러한 정신적 세계가 있다는 사실조차 몰랐다고 고백하는 이들도 있다. 극히 소수의 친구들만이 문화의 애국적 경지를 알았던 것 같다.

그런 문제에 대해 직접 대화를 나눈 일은 없었지만, 윤동주 같은 이는 그런 과제를 느끼고 있지 않았을까 싶다. 한국 문학을 전공하는 사람들은 그 길을 찾고 있었다고 생각한다. 그러나 나는 그 뜻과 길을 깨닫지 못한 채 지냈다. 나라와 민족을 위한다는 생각은 있으면서도 무엇을 해야 할지 몰랐다.

　이렇게 한국 문학을 읽는 동안에 나는 자신도 모르게 다시 외국 문학을 읽어야겠다는 생각을 갖기에 이르렀다. 더 많은 것을 배우고 더 값진 내용의 책을 읽고 싶었기 때문이다.

　결국 불행하게도 나는 다시 우리 문학 작품을 접할 수 있는 기회를 놓치고 말았다. 내 좁은 소견에 한국 문학보다 더 훌륭한 문학의 세계가 밖에 있는 것 같았고, 유감스럽게도 문학 이외에는 한글로 쓰여진 책들을 거의 찾아보기 어려운 실정이기도 했다. 그 당시의 나로서는 읽고 싶어도 읽을 책이 없는 듯했다.

　그래서 다시 외국 책으로 눈을 돌리게 되었고 그 대상은 자연히 러시아 문학이 되었다. 도스토옙스키의 『죄와 벌』을 읽었고, 투르게네프(I. S. Turgenev)의 장편과 체호프(A. P. Chekhov)의 단편들이 호기심을 끌었다. 지금 생각해 보면 영·독·프의 문학보다 러시아 문학이 훨씬 동양적이고, 우리의 정서와 통하는 바도 컸던 것 같다. 지금도 나는 외국 문학 중에 러시아 문학을 좋아하는 팬의 한 사람으로 남아 있다.

철학의 길로
들어서다

≡

나의 인생에서 비극은 너무 일찍 찾아왔다. 중학교 3학년 때였다. 내가 다니던 숭실중학은 일제강점기 때 신사참배를 거부했고 민족주의자들을 배출하는 학교라는 이유로 폐교의 운명에 직면하게 되었다.

결국 학교를 운영하던 미국 북장로교의 선교사 윤산온(George Shannon McCune) 교장이 물러나고, 신사참배를 수용하는 사립재단 학교로 바뀌게 되었다. 여러 선생님이 학교를 떠나게 되었는가 하면 학생들 중에도 자퇴하는 수가 적지 않았다. 윤동주를 포함해 북간도에서 왔던 학생들은 학교를 떠나 만주로 다시 돌아갔고, 일부 학생들은 정처 없이 자진 퇴학을 했다. 나도 그중의 하나였다.

신사참배는 하면 안 될 것으로 생각했고, 학교에 더 다녀 뭐하겠느냐는 절망감에 빠지게 되었다. 학교를 그만두는 것이 민족을 생각하는 길 같기도 했다. 여러 선배가 그 길을 택했기 때문이기도 했고,

내가 다니던 시골 교회의 목사님과 몇몇 장로님들이 신사참배를 거부했다는 이유로 구속되어 모진 고문을 받은 사실을 잘 알았기 때문이기도 했다.

독서로 공부를 대신하던 전화위복의 시기

아직 철없던 어린 나이에 자퇴서를 내고 시골집에 있자니 어떻게 할 바를 몰랐다. 그래서 매일 아침 등교 시간에 평양 시립도서관으로 가 독서로 공부를 대신하다가 하교 시간이 되면 돌아오는 방법을 택했다. 시골 사람들은 내가 계속 학교에 다니는 것으로 알았고, 교회의 몇몇 어른들은 신사참배를 거부하고 독학을 하는 것쯤으로 여기고 있었다.

전화위복이라는 말처럼 나는 그 1년 동안의 독서가 나에게 그렇게 큰 도움이 될 줄은 몰랐다. 도서관에는 많은 책이 있었고, 마음대로 원하는 책을 읽을 수 있었다. 아침에 일찍 도착하다 보니 자리는 쉽게 잡을 수 있었다. 또 나와 같이 어린 학생은 별로 없었기 때문에 도서관 분위기는 조용하고 좋았다.

내가 읽은 책의 대부분은 철학에 관한 것들이었다. 철학입문과 철학개론을 두세 권 읽었던 것 같고, 철학사와 철학 사상사를 읽었다. 그러고는 논리학·윤리학·윤리학사·형이상학·인식론 같은 것들을 열심히 읽었다.

무엇을 얼마나 이해하고 깨달았는가 묻는다면 자신 있게 대답할 말이 없다. 그저 읽기 위해 읽었던 것 같다. 그러나 거듭해서 읽는 동안에 대표적인 철학자들의 생애와 철학의 주제들을 표면적으로나마 접하게 되었고, 철학이 무엇을 하는 학문이라는 것쯤은 깨달을 수 있었던 것 같다. 읽으면서 대부분의 내용을 이해할 수 있었던 것은 윤리적 과제를 취급한 에세이들이었다. 그런 에세이를 읽으면 그렇게 재미있을 수가 없었다.

내가 연세대학교에서 강의하기 시작한 몇 해 후에, 물론 출판사의 요청에 응한 것이기는 해도, 『철학입문』을 저술하게 된 것은 내가 그 시절 읽을 수 있으면 얼마나 좋을까 싶은 내용의 책을 소개하고 싶어서였다. 그 책이 예상 외로 많은 독자를 얻은 것은 우리 주변에도 독서를 통해 이해할 수 있는 철학책이 필요했기 때문이라고 생각된다.

그로부터 얼마 후에 샘터사에서 『철학 이야기』를 펴낸 적이 있다. 이야기식의 철학사를 쓰고 싶었던 것이다. 그러나 『철학입문』만큼의 호응은 얻지 못했다. 철학사에 관한 책들이 많이 출판되어 있었기 때문일지도 모른다. 『철학입문』은 완전히 내 철학 사상을 풀이한 것이기 때문에 그와 비슷한 책이 없었을 것이다.

유감스러운 것은, 그렇게 여러 권의 철학책을 읽으면서도 동양 철학이나 한국 철학에 관한 책을 읽지 못했던 점이다. 한국 철학에 관한 책은 거의 찾아볼 수 없던 시기였다. 우리말로 쓰여진 철학책은 한치진의 『철학개론』과 『인생과 우주』밖에는 없었다. 그의 『철학개론』은 당시 미국에서 유행하던 과학적 진보주의에 바탕을 두고 있었던 것으로 기억한다.

일본 학자들이 일찍부터 동양 사상과 철학에 관심이 깊었기 때문에 읽을 만한 것들이 상당히 있었을 것이다. 그러나 나는 그 분야는 읽지 못했다. 먼 훗날에도 읽을 기회가 없으리라 짐작했다면 몇 권쯤 읽어 두었어도 좋았을 것 같다.

운명을 바꾼 1년 동안의 도서관 칩거

나는 지금도 철없는 나이에 그런 책들을 읽은 것이 가장 좋은 독서의 길이었는지를 물어보고 싶은 때가 있다. 내 입으로 이야기하기 송구하지만, 만약 그 당시에 나의 책이나 안병욱 교수 같은 이들의 책이 출간되어 있었다면 독자들에게 크게 도움이 되었을 것 같다. 그런 책들을 읽은 후에 '철학개론' 등을 읽었다면 철학 이해에 적지 않은 도움이 되었을 것이다.

그 시절 일본의 철학자들은 자신도 모르는 어려운 내용을 얘기하고 글로 써야 인기가 있었던 것 같다. 어떤 외국 사람이 한때 일본 대학생들 사이에서 베스트셀러가 되었던 『산타로(三太郎)의 일기』라는 책을 읽고, 자신의 일본어 실력이 부족해서인지 모르겠지만 무슨 뜻인지 전혀 이해할 수 없다고 비꼰 일이 있었다. 그런데 그는 일본어를 훌륭히 구사하고 좋은 문장력을 갖춘 문필가였다.

그런 일은 우리 주변에도 없지 않다. 연세대학교에서 역사학을 강의한 홍이섭 교수가 한때 『사상계』에 여러 차례 글을 실어 유명한 필자로 정평이 나 있었다. 그런데 당시 같은 대학교 정법대학의 이극찬 교수의 말을 빌리면 홍 교수의 글은 전혀 무슨 뜻인지 모르겠다는 것이었다. 상당히 많은 문장에 주어가 빠져 있어 내용이 애매모호하다는 호소였다. 그래도 유명한 사람임에는 틀림이 없다. 남이 모르는 글을 쓰니까 말이다.

아마 당시의 일본 학생들은 읽어서 다 알 수 있는 책은 책답지 않다고 무시했을지도 모른다. 더욱이 철학은 이해할 수 없어야 근사한 것으로 인정받았다. 그런 시기에 철없는 내가 어려운 철학책들을 읽었으니 더 말해 무엇하겠는가.

그러나 이러한 독서가 내 인생에 커다란 변화를 가져온 것은 사실이다. 그 일이 계기가 되어 나의 삶이 문학과 종교에서 철학으로 바뀌게 되었다. 예술적인 것을 더 깊이 이해하기 전에 논리적 사고로 전환했던 것이다. 대학에 갈 때 고민의 여지없이 철학을 택하게 된 것은 이 기간의 독서 때문이었다.

문학에 비하면 철학이 심오한 문제의식을 지닌 것 같았고, 종교적 신앙에는 지성적인 비판이 따라야 한다는 막연한 생각을 갖기에 이르렀다. 학교에 나가지 못했던 한 해가 학교를 계속 다녔을 1년보다 더 소중한 전환점을 만들어 주었던 셈이다.

만약 그 1년 동안 사상적 무게가 있는 역사책들을 읽었다면 어떻게 되었을까. 철학보다 서양 사상사나 정신사 같은 것을 전공하고 싶어졌을지도 모른다. 서울대학교에서 한국사를 강의했고 『한국통사』

를 쓴 한우근 선배도 막스 베버의 『프로테스탄트 윤리와 자본주의 정신』을 읽고 철학보다 역사에 관심을 갖게 되었다고 고백했다.

나도 그런 순서를 밟았다면 독서의 절차상 더 좋은 결과를 가져왔을 것 같기도 하다. 아무래도 역사는 철학보다 이해하기가 쉬웠을 것이기 때문이다.

그렇다고 철학책들을 읽은 것이 헛수고는 아니었다. 그때의 독서 덕분에 상당히 많은 철학적 개념을 소화할 수 있었다. 예를 들면 '실재(實在)'나 '인식(認識)'이라는 개념은 누가 어떻게 설명한다고 해도 이해하기 어렵다. 그러나 몇 권의 철학책을 읽는 동안에 수없이 반복해서 '실재'나 '인식'이라는 말을 접하게 되면 나도 모르게 그 뜻을 깊이 깨닫게 된다. 그것은 어떤 사람을 처음 만났을 때는 얼굴 생김새나 키, 나이밖에는 기억에 남지 않으나 여러 번 만나면 그의 성격이나 취미도 알게 되고, 더 깊이 사귀다 보면 그의 내면까지 알게 되는 것과 비슷한 논리이다.

나는 지금도 윤리학과 논리학을 제대로 구별하지 못하는 사람들을 대하면 중학교 3학년 때의 나만큼도 정확한 개념을 갖지 못한 것에 의아한 생각이 들기도 한다. 당시 인식론에 관한 책을 읽으면서 내가 어떻게 그 개념과 내용을 충분히 이해할 수 있었겠는가. 그러나 그 나이에 나만큼 '인식' 또는 '인식론'을 이해한 사람도 없었다는 것은 위로와 자부심으로 남아 있다.

이야기가 나왔으니 한 가지만 덧붙이자면, 나는 일찍부터 기독교 신앙을 접했고 교회로부터 받은 영향도 큰 편이었다. 당시 나와 비슷한 위치에 있던 친구들은 대부분 신학을 택했다. 목사가 된다는 것은 신앙적인 위치에서 본다면 가장 바람직한 선택이었다.

그러나 철학책들을 읽고 난 뒤 학문으로서는 철학이 신학보다 앞서며, 철학을 이해할 수 있으면 신학은 자연히 해득할 수 있으리라는 막연한 자신감을 갖게 되었다. 당시 평양신학교에서 「신학지남(神學指南)」이라는 월간지가 나왔다. 1918년 창간된 신학 연구지 「신학지남」에는 기독교계 원로들이 필진으로 참여하고 있었으며, 그 수준은 당시의 한국 철학계보다 앞서 있었다. 그 시절 우리나라에 철학은 없었어도 신학은 있었던 셈이다. 나는 그 글들을 자주 읽은 편이다.

그럼에도 내가 읽은 철학책들에 비하면 신학은 아무래도 뒤지는 것 같은 생각이 들었다. 학문으로서는 철학이 최고라는 막연한 생각을 갖고 있었다.

그 때문이었을까. 나는 여러 신학교에서 강의를 하기도 했으나 신학교를 다닐 의욕과 기회는 갖지 못하고 말았다. 내가 연세대학교에서 처음 한 강의는 '기독교 윤리'였고 고려대학교에서도 처음 맡았던 강의가 윤리학과 종교철학이었다. 1992년에 『종교의 철학적 이해』라는 종교철학서를 저술하게 된 것도 그 시절 선택의 결과였는지 모른다.

지금도 나는 신학을 전공하지 못한 것과 목사가 되지 못한 것을 후회하지 않는다. 한 철학도로서 성경을 읽고 이해한 것이 신앙의 참

신한 면과 깊이를 갖추게 해주었기 때문이다.

일본을 싫어하면서도 일본책을 읽어야 했던 모순의 시대

철학 이야기는 이만 끝내야 할 것 같다. 당시 내가 공감한 생각은 두 가지였다. 하나는, 사람은 어떤 학문을 하든지 그 학문에 관한 개론과 역사는 알아야 하며 그것이 학문으로 가는 최선의 길이라는 생각이었다. 경제학을 공부하기 원하는 사람은 '경제학 개론'과 '경제학사'를 읽어야 하고, 정치학을 전공하기 원하는 이는 '정치학 개론'과 '정치사상사'를 우선 읽어야 한다는 뜻이다.

모든 학문의 기초가 철학적 사고와 역사적 고찰이라는 것은 누구나 인정하고 있다. 사실 선진국가에서는 그 두 가지를 대학의 기초 과목으로 삼아 왔다.

다른 하나는, 철학은 내용보다 방법(론)이 더 중요하다는 생각이었다. 동양 학문이 서양 학문보다 앞선 점도 있으나 틀림없이 뒤지는 것은 방법론의 결핍 때문이다. 동양 학문의 장점은 깨달음이나 직관에 있다. 반면 서양 학문의 장점은 논리적 추구와 합리적 사고에 있다고 볼 수 있다.

그런 뜻에서 나는 나중에 철학 공부를 하게 되면 독일 철학자 임마누엘 칸트(I. Kant)를 전문적으로 연구해 보고 싶다는 생각을 가졌다. 사실 지나친 욕심이었지만 잘못된 길잡이는 아니었던 것 같다.

이런 깨달음을 얻기는 했으나, 지금 생각해 보면 적지 않은 시간을 충분히 이해하지도 못하는 철학 분야에 바쳤다는 것은 어리석은 자랑거리가 되었을지도 모르겠다.

　그 시절 평양 시립도서관에는 일본의 대표적인 신문이 비교적 신속히 배달되곤 했다. 나는 그 신문에 실린 정치면이나 사회면의 기사에는 관심이 없었다. 나이가 어린 때문이기도 했지만, 그런 기사는 일본의 현실이지 우리의 현실은 아니었기 때문이다.

　대신 「아사히(朝日)신문」이나 「마이니치(每日)신문」에 연재되는 소설들은 재미있게 읽었던 기억이 난다. 일본에서 널리 알려져 있던 기쿠지 칸(菊池寬)의 작품들도 읽었다. 일본을 싫어하면서도 일본 책들을 읽어야 했던 모순에 찬 시기를 살았던 때문이다. 그러나 불행하게도 그 당시에는 그 길밖에는 책을 읽을 방법이 없었다.

인생론을 통해
인생을 배우며

　1년 동안 학업을 중단했던 나는 할 수 없이 복교를 결심했다. 민족 전체가 시련과 수난을 겪고 있는데 이제 겨우 중학교 상급반에 다니던 내가 무엇을 어떻게 하겠다는 것인가. 여러 어른이 다시 학교를 다녀야 하지 않겠느냐고 충고하기도 했다. 우리 학교 교장으로 있던 선교사 마우리(E. M. Mowry, 한국 이름 모의리) 목사도 자신과 미국 선교부는 공식적으로 신사참배를 하지 않아도 되지만, 학생들은 형식적으로 신사참배를 하더라도 학업을 계속하는 편이 좋을 것 같다고 권고했다.

　1년 뒤 나는 주인은 바뀌었으나 건물은 그대로 사용하고 있던 숭실중학교 교사(校舍)를 혼자 찾아갔다. 2층 서무과에 들어가 복교할 수 있는지 물었더니 나를 알아본 선생님이 잘 찾아왔다고 하면서 무척 반겨 주었다. 돌아온 탕자를 대하는 아버지 생각이 났다. 나는 다음날부터 4학년 학생이 되었다.

교장은 선교사가 아닌 정두현 선생이 맡고 있었고 그 전에 있던 선생님들도 대부분 남아 학생들을 계속 가르치고 있었다. 그 당시에는 일본에서 제국대학이나 고등사범학교를 나온 한국 선생들의 수도 적었던 데다 한국에는 대학이나 전문학교가 없었기 때문에 우리 선생님들은 어디를 가도 스승으로서 손색이 없는 인격과 실력을 갖춘 분들이었다. 해방 직후의 대학교수에 준하는 교사들이었다.

일제 치하의 참담했던 교육 풍토

복학을 한 뒤 내 생활에는 약간 변화가 있었다. 그중 하나는 지나칠 정도로 무계획적이었던 독서 시간을 줄이고 학교 공부에 더 많은 시간을 할애했던 점이다. 인문사회 분야는 독서를 통해 보충했기 때문에 수학 분야에 시간과 노력을 쏟았다. 그러나 우수한 성적은 얻지 못했다. 그것은 지금까지의 독서나 사고가 수학보다 인문 분야에 치우쳐 있었고 종교나 문학적인 독서와 사고가 자연히 그러한 경향을 더욱 굳힌 때문이었다.

그러나 비극은 1년 후에 다시 터지고 말았다. 일제 총독부는 학교가 신사참배를 수용했음에도 불구하고 숭실중학을 완전 폐교시켰다. 그리고 평양 제3공립중학교로 개편하면서 완전히 일본 학교로 만들어 버렸다. 당시 평양의 제1중학교는 일본인들을 위한 학교였다. 평양고보라는 제2중학교는 한국 학생들이 다니는 학교였다. 내가 편입

한 제3중학교는 한국 학생과 일본 학생이 함께 공부하는 일본 학교로 개편된 것이다.

숭실학교의 교장과 선생들 전원이 학교를 떠나야 했고 그 빈자리는 여러 곳에서 뽑혀 온 일본 선생들로 채워졌다. 아마 당시의 용어로 표현한다면, '황국 신민(皇國臣民)을 만들기 위해 가장 적절한 선생'을 차출해 왔던 것 같다. 숭실학교 때 선생님들과 비교하면 인격을 갖춘 이들도 없었고, 실력에 있어서도 대개가 뒤지는 선생들뿐이었다. 교장과 교감은 열 번 훈화에 아홉 번은 황국 신민이 되자고 말했다. 기회만 있으면 학생들을 이끌고 신사참배를 시켰다. 꼭 우리가 복수를 당하는 것 같은 기분이었다.

물론 나는 새 학교의 중학 5학년생이 되었다. 선생들은 민족정신이 강하다고 여겨지는 학생들은 무섭게 탄압했다. 교문에 들어온 다음부터 교문을 나설 때까지 일본말을 써야 했다. 우리말을 쓰는 학생은 여지없이 처벌을 받았다. 우리말을 쓰다가 한 번 들키면 한 달 정학, 두 번 들키면 무기정학, 세 번까지 걸리면 퇴학을 당하는 식이었다. 그러나 100명이나 되었던 두 반이 50명 정도의 한 반으로 바뀌었기 때문에 우리 반에는 비교적 우수한 학생들이 모여 있었고 일본 학생은 한 명밖에 없었던 것으로 기억한다. 일본말을 쓰기 싫은 학생은 거의 침묵으로 학교생활을 보냈다. 가까운 친구들끼리 모이면 우리말을 쓰면서 잘못된 교육을 개탄했다. 학교라기보다는 사상 전환의 수용소 같은 기분이었다.

나는 이 시기에 평생 잊을 수 없는 두 가지를 깨달았다. 하나는 잘못된 교육이 무엇인지 확실하게 알게 된 것이고, 다른 하나는 국가와 민족이 얼마나 소중한지를 배운 것이다. 꼭 1년 동안 나는 이중적인 생활을 했다. 기분이 좋지 않을 때는 체육시간에 밖에 나가 눈싸움을 한다는 핑계로 급우들과 함께 일본 체육선생을 공격해서 학교 정문까지 쫓아가 때리기도 했다. 해방 이후에 내가 중·고등학교 교육에 뜻을 두었던 것도 내가 다닌 일본 학교에서의 교육을 배격하자는 의도가 숨어 있었던 것 같다.

나는 공연히 민족주의 의식이 강한 학생으로 몰려 부당한 처우를 받기도 했다. 스기하라(杉原)라는 담임선생에게 붙들려 가 이유도 없이 실컷 얻어맞은 일도 있다. 그는 실컷 때린 뒤에 "너는 왜 학교에 오면 말이 없냐?"면서 "아버지가 이 학교를 좋아하지 않으면 자퇴서를 내라"고 말했다. 그 배후는 간단했다. 신사참배 때문에 학교를 중단했던 놈이니까 정신을 바꾸어 놓겠다는 것이었다.

사실 나는 일본말을 잘했다. 그것은 일본책으로 많은 독서를 했기 때문이다. 선생도 그것을 인정하고 있었다. 그러나 사실 담임선생의 눈에 나 같은 학생은 미운 오리새끼 중 하나였다. 학교생활을 오래했지만 그때처럼 호되게 체벌을 받은 것은 그 '천하의 3중' 때뿐이었다. 교장과 교감은 원래부터 교육을 모르는 사람들이었기 때문에 할 줄 아는 말이라고는 언제나 '천하에 제일가는 제3중학교'라는 말뿐이었는데, '천하의 3중'은 거기서 나온 말이다.

불행하게도 젊었을 때의 반일 감정 때문에 대학에 가서도 일본 교수들과 격의 없는 친분을 맺기가 어려웠다. 오히려 서양 교수들이 더 가까이 느껴지는 것은 어찌할 수가 없었다. 잘못된 교육이 낳은 불행한 결과였다.

숭실중학 졸업은 남다른 해방감을 안겨 주었다. 1년 동안 쫓겨나지 않고 다닐 수 있었다는 고마움, 더는 이런 수용소 같은 생활은 없으리라는 기대감, 우리말을 마음대로 쓸 수 있게 되었다는 점이 한숨과 더불어 안도의 숨을 쉬게 해주었다.

인생론 이해에 도움 준 『참회록』과 『고백록』

다시 독서의 이야기로 돌아가자. 이렇게 급변을 거듭했던 2년 동안은 독서다운 독서를 하지 못했다. 또 지도를 해줄 만한 선생도 없었다. 사실 욕심을 내서 독서를 했을 뿐이지 정신적으로 그 뒤처리를 하고 있지도 못했다.

그래서 읽기 시작한 것이 지금까지 읽지 못했던 영역인 인생론 분야였다. 톨스토이의 『참회록』을 읽었고, 루소(J. J. Rouseau)의 『참회록』과 아우구스티누스(A. Augustinus)의 『고백록』을 읽었다. 당시에는 톨스토이의 사상을 묶은 『인생론』이라는 책도 있어 즐겁게 읽었다. 그리고 톨스토이의 『우리는 무엇을 믿을 수 있는가』라는 종교문제에 관한 책도 읽었다.

어느 정도는 나 자신이 문제의식을 갖고 읽을 책을 선택했던 것 같다. 하지만 그때는 톨스토이의 책은 별로 흥미를 끌지 못했다. 문학 작품으로서의 톨스토이 저서에 비하면 인생에 관한 글이나 이상주의적 종교관에 관한 책들은 약간 허황된 것 같다는 인상을 받았다. 그만큼 내가 자랐을지도 모른다.

오히려 내 독서에 도움을 준 것은 아우구스티누스의 『고백록』과 루소의 『참회록』이었다. 루소의 『참회록』은 루소가 어떤 인물이며 어떤 삶을 살았다는 것보다 그를 중심으로 전개된 시대상을 이해하는 데 많은 도움이 되었다. 루소에 대해 연구한 학자들의 책도 많이 나와 있어서 그런 책이나 글들도 읽게 되었는데, 『참회록』을 읽었던 것이 그 내용을 이해하는 데 큰 역할을 했다. 지금 회상해 보면, 천재성을 가진 작가나 사상가들에게는 적지 않은 바보성도 섞여 있음을 알게 되었던 것 같다. 사람이 모든 면에서 고르게 잘하는 것은 모두의 소망이지만, 하나의 값진 업적을 남기는 것 또한 얼마나 소중한가를 배울 수 있었다.

역사를 봐도 그런 인물이 자주 등장한다. 톨스토이도 상당히 병적인 면을 지니고 있었다. 특히 예술가들 중에는 그런 결격한 인물이 다른 면에서는 값진 업적을 남기곤 했다. 그래서 천재와 천치는 통하는 바가 있다고들 한다.

중학교 4학년 때, 나는 미국의 시인이자 소설가 에드거 앨런 포(E. A. Poe)와 시인 존 그린리프 휘티어(J. G. Whittier)의 작품을 배운 적이 있었다. 그때 선생이 누가 더 훌륭하냐고 물었다. 포의 작품은 위대하나 그는 완전히 병적인 인물이었다. 친구의 어머니를 사모해서 오랫동안 꽃다발을 들고 그 묘소를 찾아다녔을 정도이다. 반면 휘티어는 경건한 신앙적 시를 쓰는 종교 시인이었다. 그런데 그의 작품은 포만큼의 평가를 받지 못했다. 그렇다면 우리 사회는 두 가지 성격의 인물과 작품을 모두 필요로 하는 것이 아닐까.

대학에 다닐 때 한 프랑스 사람이 쓴 루소 전기에 관한 평을 읽은 적이 있었다. 지금 그 책의 제목은 기억하지 못하나 그 작가는 루소를 정신병적인 인물로 취급했다. 그 책을 읽으면서 다시 한번 『참회록』에 나오는 루소 본연의 모습을 보는 것 같은 인상을 받았다. 지금도 나는 훌륭한 사상가나 예술가의 인간적 단점이나 결격성을 발견할 때면 너그럽게 이해하는 편이다. 마틴 루터를 상세히 연구한 사람은 그의 타고난 외고집적 성향이 없었다면 종교개혁을 성취하는 대업은 불가능했을지도 모른다고 말한다.

그런 점에서는 아우구스티누스도 대단한 천분을 지닌 사람이었다. 그의 문장력도 톨스토이나 루소에 못지않은 편이었고, 논리적 추리에 있어서는 루소나 톨스토이보다 훨씬 앞서는 천분을 지니고 있었다. 톨스토이를 읽을 때는 약간 시간이 아쉬운 듯했다. 읽고 싶어서 읽었으나 큰 도움은 받지 못했다. 루소의 『참회록』을 읽은 것은 많은 도움이 되었다고 생각한다. 그러나 한 번 더 읽고 싶다는 생각은 들지 않았다. 그 뒤 아우구스티누스의 『고백록』을 읽은 후에는 한 번 더 읽어야겠다는 생각을 했다. 특히 그 책의 후반부에는 그런 생각을 해야 할 정도로 비중이 큰 과제들이 담겨 있었다.

이런 인생론에 관한 책들을 읽으면서 독서를 위해 중요한 것은 위대한 인물들의 자서전이나 전기일 것이라는 생각이 들었다. 그리고 그 대표적인 것 하나가 아우구스티누스의 『고백록』이었다. 톨스토이의 것은 다분히 작품에 속하는 것이었고 루소의 것은 반쯤만 작품화된 것들이었다. 그러나 아우구스티누스의 『고백록』은 높은 차원의 뜻이 담겨 있는 인생론의 정수였다.

간디 자서전에서 배운 네 가지 교훈

그 무렵 몇 권의 전기와 자서전을 읽었다. 그 중에서도 가장 인상 깊었던 것은 간디(M. K. Gandhi)의 자서전과 전기였다. 상당히 많은 것을 배웠고 또 깨달을 수 있었다. 20세기 후반기를 살았던 지성인들 중에서 간디의 전기를 읽지 않은 사람이나 그의 자서전과 사상을 접해 보지 못한 사람은 거의 없을 것이다. 내가 우리나라 중학생들을 위한 국어 교과서에 간디에 관한 글을 쓰게 된 동기도 당시의 영향 때문이었을 것이다.

나는 간디의 자서전을 읽으면서 여러 가지 면에서 전적으로 공감하고 큰 감명을 받았다. 모든 식민지는 독립국가가 되어야 한다는 역사의 교훈, 비폭력이 마침내는 폭력보다 더 큰 결실을 거둘 수 있다는 신념, 정의는 결코 패하지 않는다는 용기, 인간은 영원한 가치와 목표를 위해 불굴의 투지를 가져야 한다는 교훈 등을 깨달았다. 그 생각과 신념에는 지금도 큰 변화가 없다. 과정과 방법의 차이는 있겠지만 그것은 모든 종교와 통하는 바이며 기독교 정신과도 일치하는 것이었다.

훗날 인도에 가 보고 많은 인도인이 오히려 간디의 정신을 일방적으로 이해하고 있음을 의아하게 생각하기도 했지만 간디는 확실히 위대한 인물이자 스승이었다.

프랑스의 작가 로맹 롤랑(R. Rolland)은 대표적인 서양적 영웅이 나폴레옹이라면 동양적 위인은 간디와 같은 인물이라고 말했다. 둘은 확실히 대조적인 인물이다. 나는 한 번도 나폴레옹을 존경해 본 적이 없다. 그러나 간디는 지금도 존경하고 있다. 여행하는 도중에 봄베이를 방문했던 것도 간디 선생의 거처를 보고 싶어서였고 뉴델리에 있을 때는 그의 묘소를 방문하기도 했다.

어린 시절 간디에 대한 감동은 대단히 컸던 것 같다. 일본으로 유학을 떠나 처음 하숙을 정하고 초라한 방에서 잠든 첫날밤에도 간디의 꿈을 꾸었고, 한국에 돌아와서 어느 날 간디의 후계자답게 살고 싶다는 감동적인 꿈에서 깨어난 적도 있었다.

간디 선생의 서거가 뉴스로 전해지던 날 아침, 서울에는 많은 눈이 내렸었다. 나는 그의 비보를 접하고 하루 동안 여러 가지 생각을 되새겨 보았다. 고맙게도 나는 확실히 그로부터 적지 않은 것을 배웠다. 그는 자신이 믿는 진리를 그대로 실천에 옮긴 사람이었다.

그 뒤로도 몇 사람의 전기와 자서전을 읽었고 후배나 제자들에게 그런 독서를 스스럼없이 권했다. 아마 청소년 시절에 내가 존경하는 사람의 전기를 읽는다는 것은 인생을 살아가는 데 있어 가장 보람 있는 일일 것이다.

우리 주변에도 간디의 영향을 받은 사람이 많이 있다. 작고한 함석헌 선생도 그런 이들 중 한 사람이다.

오늘날과 같이 실리주의와 현실주의에 빠져 있는 젊은이들에게는 간디의 사상이 좋은 교훈을 줄 것으로 생각한다.

훌륭한 인물의
자서전 읽기가 주는 유익들

대부분의 어린이는 자랄 때 위인전이나 영웅들의 이야기를 읽는다. 그것은 동·서양의 차이가 없을 것 같다. 부모는 자신의 자녀를 훌륭한 인물로 키우고 싶어 한다. 어린이 역시 자라서 그런 존경받는 위인이 되고 싶다는 꿈을 안고 있다.

나는 시골에서 자랐기 때문에 어려서부터 위인전 같은 것은 읽지 못했다. 그러나 아버지가 평양 책방에서 사다 주는 위인들의 사진은 보면서 자랐다. 그것이 인상적이었기 때문에 지금도 몇 사람의 얼굴은 기억하고 있다. 조지 워싱턴, 에이브러햄 링컨, 톨스토이, 셰익스피어, 예수 그리스도, 나폴레옹 등이 그런 인물들이었다.

물론 그들에 관한 짤막한 기록들은 읽었으나 나이 들어서 그들의 자서전과 전기를 읽었다는 것은 인생의 큰 혜택이 아닐 수 없다. 간디가 바로 그런 인물 중 하나였다. 나는 지금도 청소년들에게 기회만 있으면 그런 인물들의 자서전이나 전기를 꼭 읽도록 권하고 싶다.

정신적 성장을 도운 프랭클린·슈바이처·밀의 자서전

내가 감명 깊게 읽은 자서전들 중에는 벤저민 프랭클린(B. Franklin)의 『프랭클린 자서전』과 알베르트 슈바이처(A. Schweitzer)의 『나의 생애와 사상』이 가장 인상적이었다.

프랭클린 개인이 어떤 일생을 살았는가도 물론 중요하다. 아직도 미국인들은 그를 '아메리카의 스승'으로 받들고 있다. 그러나 나에게 더 큰 도움을 준 것은, 그의 전기를 읽으면서 아메리카 합중국의 건설 초기에 그들은 어떤 환경에 처해 있었는가를 배운 점이다.

『프랭클린 자서전』은 그가 세계적인 과학자이고 독립선언문을 기초(起草)했으며, 펜실베이니아대학교의 창설자일 뿐 아니라 아메리카의 정신적 전통을 만들고 이끌어 준 지도자였음을 보여준 책이다. 그 책을 통해 그가 학교 교육도 받은 바 없으면서 어떻게 역사적인 지도자가 되었는가 하는 입지전적인 생애에 대해 알게 된 것은 물론이고, 그가 젊은이들의 정신적 지주로서 기독교 정신을 바탕으로 민주주의 건설에 이념적 방향을 제시했다는 점도 배우게 되었다. 아마 조지 워싱턴 못지않게 미국 창건에 위대한 공로를 남긴 인물이리라.

내가 대학생이었을 때는 지성적인 청년들에게 가장 인기 있는 자서전이 슈바이처의 『나의 생애와 사상』이었다. 그 책만큼 감동적으로 삶의 뜻을 얘기해 주는 책은 없었던 것 같다.

우리나라에서도 슈바이처 박사를 흠모하고 추종한 사람들이 많이 있었다. 신일교회의 창립자인 이일선 목사는 의학을 공부한 뒤 울릉도에 슈바이처 정신을 내세운 병원을 세웠다.

아마 출판계에서 내놓은 전집 중에서도 슈바이처 전집이 제일 먼저 출판되었던 것으로 기억한다. 나 자신도 친구들과 같이 방송에서 여러 번 슈바이처 박사 이야기를 나누곤 했다. 김석목, 지명관, 윤성범, 안병욱 교수 등이 주로 그런 토론에 참여했고, 이일선 목사는 슈바이처의 정신을 계승하기 위해 언제나 앞장서서 활동한 편이었다.

나 자신도 그의 자서전을 읽은 후 감격에 휩싸여 며칠 동안 어떤 사명감을 찾고 싶어 인생의 진로를 놓고 고민했을 정도였다. 아마 그런 흥분 섞인 감격은 서구인은 물론 동양인들 사이에서도 팽창되어 있었던 것 같다. 간디와 슈바이처, 이 두 사람은 20세기 전반기를 장식한 위대한 인물이었다고 보아도 지나치지 않을 것이다.

그런 뜻있는 강인한 이상주의적 지도자와 그 뒤를 계승하려는 젊은이들이 줄어들고 있다는 것은 분명 우리 시대의 비극이 아닐 수 없다.

나는 대학 예과 때 존 스튜어트 밀(J. S. Mill)의 『자서전』을 읽었다. 일본의 어떤 대학 생활지도 교수는 평생 동안 그 책을 네 번 읽었다고 말할 정도로 대단히 도움이 되는 책이다.

오래전에 연세대학교의 김하태 박사에게 그 책의 번역을 권한 적이 있었다. 그분도 그 『자서전』이 매우 좋은 책이긴 하지만 번역하기에는 어려운 문장이라고 말했다. 지금은 숭실대학교 최명관 교수의 좋은 번역으로 읽히고 있다.

내가 그 책을 읽을 때는 어느 정도 지적으로 성숙되어 있던 터라 여러 가지로 큰 도움을 받았다. 미국의 심리학자 캐서린 콕스(C. Cox)는 존 스튜어트 밀에 대해 괴테(J. W. V. Goethe), 파스칼(B. Pascal), 라이프니츠(G. W. Leibniz)와 더불어 세계에서 가장 머리가 좋은 인물이라고 평한 바 있다. 그는 부친 제임스 밀의 가정교육을 받았을 뿐인데 한 시대를 움직인 학자로 군림했다.

밀의 저서들에서 볼 수 있듯이 그는 논리학자이자 철학가였으며 정치·경제·사회 모든 면에서 탁월한 사상과 학문을 개척한 인물이다. 당시 영국 사회를 이끌었던 공리주의가 그에 의해 완성되었을 정도니 그의 업적을 쉽게 짐작할 수 있다.

그는 10세 때 고전 작품 독서에 필요한 라틴어와 그리스어 등 고전어와 외국어를 모두 습득했을 만큼 영특했다. 인도에서 잠시 공직에 머문 적도 있으나 말년에는 의회 정치 일선에 서기도 했다. 어느 누구보다 영국적 학문의 분위기를 잘 느끼게 해주는 인물이다. 독일에서는 대학의 교수가 아니면 학자다운 학자로 인정받기 어려우나, 영국에서는 사회 여러 분야에서 일하면서 학문적 업적을 쌓아 가는 사람이 얼마든지 있다. 그의 책은 여러 분야에서 도움을 주는 것으로 대학생이라면 꼭 읽어 볼 만하다.

이 외에도 읽을 만한 전기들은 꽤 많다. 괴테에 관해 저술한 요한 에커만(J. Eckermann)의 『괴테와의 대화』도 흥미로운 저서이다. 한때는 여성들이 『퀴리 부인전』을 읽는 것이 유행이던 시절도 있었다.

선생다운 선생이 되고 싶었던 고향 초등학교 교사 시절

나는 평양 제3공립중학교를 졸업한 뒤 다시 한번 좌절감에 빠졌다. 졸업과 동시에 전문학교나 대학으로 진학할 수 없었던 것이다. 당시 우리나라에서 선택할 수 있는 고등교육기관으로는 경성제대, 연희전문학교 외에 의학전문학교나 숭실전문학교의 후신인 대동공업전문학교 정도가 알려져 있었다. 그래서 중국어를 이해하는 소수는 그쪽을 택했고, 적지 않은 친구들이 일본으로 유학을 갔다.

나는 가난한 가정의 맏아들이었고 건강이 좋지 못한 부친과 여러 동생이 있었기에 대학 진학은 엄두도 낼 수 없었다. 게다가 고향에 있는 초등학교의 교장이 부모님에게 내가 졸업을 하면 고향 학교 교사로 채용하고 싶다는 제안을 해놓은 상태였다.

나는 내 주장을 내세우지도, 고집을 부리지도 못한 채 1년간 고향의 초등학교 교사로 지냈다. 자격을 갖춘 교사였다고 해서 학교 측과 고향 사람들의 기대감도 컸다. 교사를 시작할 때부터 잠시만 하리라 생각한 터라 1년 후에는 일본으로 유학을 떠났다.

고향 초등학교에 재직하는 1년 동안 나는 선생다운 선생이 되고 싶었다. 나도 존경받는 교육자로 성장할 수 있을까 하고 여러 가지를 시도해 본 시절이었다. 무척 즐겁고 행복한 나날을 보냈다. 그러나 공부와 독서를 계속해야 한다는 의무감은 줄곧 마음에서 떠나지 않았다. 지금은 그 기간 동안 어떤 책들을 읽었는지 잘 기억이 나지 않는다. 중학교 때 읽었던 책들에 대한 보충 독서로 시간을 보냈던 것 같다.

한편, 학생을 지도하는 일이 상당히 많은 시간을 할애해야 하는 일임을 알게 되었다. 상급 관청에 제출하는 공문서를 준비하고 정리하는 일도 쉬운 게 아니었다.

이 기간에 지금 생각해도 부끄러운 한 가지 실수를 범했다. 나의 독서에 있어서는 틀림없이 불필요한 외도였다. 어떤 계기로 웅변 및 웅변학에 관한 책들을 읽게 되었던 것이다. 교회를 중심으로 설교를 하는 경우도 있었고, 여기저기 웅변대회에서 표창을 받는 친구들에 대한 부러움 때문이었는지도 모른다. 그러나 직접적인 원인 중 하나는 당시 일본에서 정치계를 무대로 한 웅변가나 웅변술이 크게 성행했기 때문이었던 것 같다. 그래서 일본책들을 읽다가 자연스레 말려들은 듯했다. 당시 일본에서 정치계를 좌우하는 정객들이 대부분 훌륭한 웅변가들이었다는 이야기는 잘 알려진 사실이다.

그리고 설교를 잘하는 목사님들을 흠모하는 마음도 있었던 데다, 매일 아침 들었던 조회를 겸한 선생님들의 말씀에 깊은 감명을 받았던 것 같다. 안창호·조만식 선생의 이야기를 비롯해서 그 시절 기독교계를 주름잡던 주기철·채필근·김화식·임종순 목사와 정재윤(조만식 선생의 맏사위) 변호사 등의 말씀이 언제나 우리 젊은 심금을 울리곤 했다.

지금 되돌아보면, 웅변술에 관심을 갖고 책을 읽다가 일찌감치 그 분야에서 떠난 것이 정말 잘한 선택이었다. 그 뒤로 다시는 그런 무의미하고 무가치한 일에 마음을 두지 않는 데 큰 도움이 되었다. 사실, 중·고등학교와 대학에서 교편을 잡고 있을 때 웅변대회의 심사를 맡은 적도 있고, 신문사에서 주최하는 웅변대회의 심사를 부탁받은 일도 몇 번 있었다. 그런 일에 참여하고 난 뒤에는 소위 웅변이나 말을 잘하려고 노력하는 일이 얼마나 바람직하지 못한 것인가를 거듭 깨닫고 오래전에 완전히 포기해 버리고 말았다.

신학교에는 설교학을 강의하는 교수가 있다. 그런데 그 교수들의 설교만큼 따분하고 듣기 싫은 경우도 없다. 미국에서는 교육학을 전공한 교수들이 대학의 총장이 된 적이 없고 성공한 예도 없다고 한다. 나의 몇몇 친구들은 우리나라의 교육을 위해서는 교육학자들의 입김을 줄여야 한다고 말하기도 한다. 웅변을 연구하거나 웅변가로 자처하는 사람들의 이야기는 대개의 경우 들을 것이 별로 없다.

내가 얼마 동안 그런 일에 관심을 쏟았다는 것은 지금 생각하면 부끄럽기 짝이 없는 일이다. 그런데 지금 나는 글을 쓰는 것만큼 이야기를 한다. 거의 60여 년 동안 사회의 여러 기관과 교회 등에서 강연을 하고 있다. 해외 교포를 대상으로 강좌를 맡는 일도 많은 편이다. 하지만 강연을 위해 웅변학의 도움을 받은 적은 없다. 남들보다 앞선 생각을 가지며 청중을 진심으로 위하는 정열과 신념을 갖고 있으면 웅변학을 몰라도 상관이 없다. 이야기와 강연을 하면서 자신만의 말하기 기법을 터득하면 되는 것이다. 그렇다고 그 기법을 살리기 위해 내용을 약화시키거나 인간적인 면을 소홀히 하면 오히려 그 기법이 없었던 것만 못하게 된다.

나 자신이 이야기를 많이 하는 편이기 때문에, 내가 가장 경계하며 때로는 혐오감을 느낄 정도로 거부반응을 보이게 되는 대상은 말재간꾼이다. 제발 그렇게만은 되고 싶지 않다. 내가 웅변에 관한 독서를 곧바로 버리게 된 것은 비교적 일찍 말재간에 환멸을 느꼈기 때문인지도 모른다.

정신 건강을 돕는 독서와 해치는 독서

이런 나의 주장에 대해 어떤 사람들은 도움이 되지 못하는 독서는 웅변에 관한 것보다 건전하지 못한 대중문학이라고 평하기도 한다. 대중문학은 독자의 관심을 끌어 더 많이 읽히기 위해 쓰이는 것들이다. 어떤 이들이 신문의 연재소설을 반기지 않는 이유 중 하나가 거기에 있다.

특히 젊은이의 애정심리를 자극하는 선정적인 작품을 읽고 난 뒤에는 아무것도 남는 것이 없다. 또 그런 대중문학 때문에 순수문학이나 정신적 성장을 위해 필요한 작품을 멀리하는, 좋지 못한 결과를 초래하기도 한다.

그런데 실제로 이런 책이나 내용을 접해 보지 않은 사람은 드물다. 우리 주변에도 그 책이 예술이냐 외설이냐 하는 문제를 놓고 논란의 대상이 된 경우가 있다. 그렇게 구설수에 오르면 책의 판매 부수는 올라간다.

그런 식으로 책의 판매 부수를 올리는 경우는 장년층에서 많이 볼 수 있다. 비즈니스맨을 대상으로 하는 잡지에, '잠시 쉬어 갑시다'라는 페이지를 끼워 넣어 여성의 나체 사진을 보여주는 경우를 심심치 않게 본다.

그것을 도덕적으로 나쁘다고 단정하기보다 누구나 여성미를 즐기며 마음의 휴식을 취할 수 있다고 볼 수도 있다. 인간은 경건하고 성스러운 가치만을 추구하기 힘든 존재이다. 그런 뜻에서 문학성이나 예술성은 부족하더라도 호기심을 자극하며 마음의 긴장을 풀어 주는 글이나 책을 읽는 것이 나쁘다고 나무랄 수만은 없다.

그러나 독서의 목적은 더 새로운 것을 알고 더 높은 가치를 지향하며 자기 성장에 도움을 얻는 데 있다. 별 의미 없는 대중소설, 그것도 에로문학 같은 것을 읽는 데 시간과 노력을 쏟는 것은 지혜로운 선택이 못 된다. 너무 일찍 그런 내용의 독서에 빠지게 되면 그 사람은 더 귀한 것을 얻지 못하는 불행에 빠지며, 인간적 성장은 물론 학문이나 예술적 가치를 상실하는 과오를 범하게 된다.

독서는 몸의 건강을 위한 좋은 음식물과 같아야 한다. 달콤하다고 해서 건강과 성장에 해로운 독서에 빠져서는 안 된다.

자유롭게 독서를 즐긴
유학 시절

≡

나는 20세를 넘기면서 고향 초등학교 교사생활을 끝내고 오랫동안 꿈꿔 오던 유학의 길을 떠났다.

여러 친구가 이미 유학 가 있던 도쿄로 가기로 했다. 도쿄에는 여러 대학들이 있었고, 당시 동양에서는 최고의 문화 도시이기도 했다. 왠지 도쿄에 가면 다른 어떤 곳보다도 일본을 알 수 있을 것 같았다. 내 마음속에는 학문이나 대학도 중요하지만 일본을 알아 둘 필요가 있다는 생각이 큰 비중을 차지하고 있었다.

그 당시의 학제는 3학기로 되어 있었고 사립대학들도 예과 2년과 학부 3년을 합해 5년의 학제로 되어 있었다.

나는 유학을 떠나기 전부터 철학과를 지망했다. 철학과가 아니면 역사학과를 갈 생각도 있었지만, 역사학과는 철학과의 5분의 1만큼도 비중을 두지 않았다. 그 시절 일본의 대학들은 제각기 입학시험을 치렀다. 시험 날짜도 대학이 정했고 시험 과목도 그러했다. 그래서 시일 배정만 잘하면 한 해에 네다섯 개 대학까지 시험을 볼 수 있었다. 대개 두 개의 대학에 합격하고 그중의 한 학교를 택해 등록을 했다.

대학을 선택할 때 중요한 것은 학과였지 어느 대학인가는 크게 문제 삼지 않았다. 무슨 학과를 가느냐가 첫 번째였고 그다음에 대학을 고르는 것을 당연하게 여겼다. 아마 대학을 먼저 고르는 것은 우리나라밖에 없는 것 같다. 그것은 어떻게 보면 학문할 자격이 없는 학생이 대학을 가는 것이라고 해야 하지 않을까.

가톨릭계의 대학에서 누린 혜택들

어쨌든 나는 일본에 하나밖에 없는 가톨릭 대학인 조치(上智)대학교를 택했고 입학이 허락되었다. 그 당시 내가 사숙(私淑)하고 있던 와세다(早稻田)대학교에 호아시 이치로(帆足理一郎)라는 철학 교수가 있었는데 그가 나에게 조치대학교를 추천해 주었다.

지금 생각해도 여러 가지 면에서 적절한 선택이었다. 그 대학이 도쿄에 있다는 점도 좋았다. 당시의 도쿄는 동양의 중심 도시 중 하나이기도 해서 다른 지방에 가 있던 한국 학생들이 도쿄를 보고 싶어 찾아올 정도였다. 일본을 대표하는 학자들도 대부분 도쿄에 있었기 때문에 학문과 문화적인 혜택도 더 많이 얻을 수 있었다. 여러 대학의 교수들과 간접적으로나마 접촉할 수 있는 장점도 있었다.

또 한 가지 좋았던 것은 조치대학교가 독일 교구의 가톨릭 대학이라는 점이었다. 그런 이유로 대학의 운영 방식이 예수회에 속한 천주교의 전통과 독일 대학의 제도를 따르고 있었다. 대학 책임자를 비롯해 서양의 교수들이 상당수 있었다. 일본 내 독일 대학 같은 인상이 짙었다고나 할까.

당시는 태평양전쟁 중이었고, 일본에서는 국수주의 사상이 팽배했던 시기에, 그런 시대적 흐름에서 어느 정도 벗어나 서구적이며 종교적인 분위기에 머물게 된 것은 내게 큰 축복이었다. 그때 교련 훈련을 맡았던 배속(配屬) 장교는 학생들 앞에서 노골적으로 황국(皇國) 속에 기독교 대학이 존재하는 것은 마땅치 않다고 성토하곤 했다. 그러나 당시 일본이 독일과 동맹국이었기 때문에 우리 대학이 보존될 수 있었던 것 같다. 적성 국가의 대학이라면 학교 책임자와 외국인 교수들은 용납이 안 되었을 것이다.

그런데 이상하게도 배속 장교와 한두 명의 국수주의적 사상을 가진 교수들이 대학을 비판하고 황국 신민의 길을 열심히 주장했어도 학생들의 절대 다수는 학교 측을 지지했다. 천주교를 믿는 학생은 2퍼센트 정도밖에 없었을 것으로 짐작되나 대학이 추구하는 교육 방향을 부정적으로 보는 학생들은 없었다.

조치대학교의 핵심 학과는 철학과였다. 당시에는 천주교를 위한 신학과가 따로 없었다. 그래서 학부에서는 철학을 공부하고, 신학을 택하는 사람들은 석사 과정이나 천주교 신학교에 가서 학문을 계속

했다. 그래서 철학과 동창들 중에는 신부님이 여럿 있었는데, 그중에 선배인 정욱진 신부는 정약용의 후손이었다. 서강대학교에 재직했던 김태관 신부도 선배였고 김수환 추기경은 후배였던 것으로 기억한다. 그 외에도 한두 사람이 더 있었던 것 같다.

나는 어려서부터 개신교 집안에서 자랐으나 같은 과의 한국 학생들은 대부분 기독교와는 관계가 없었다. 일반 철학과 가톨릭 계통의 스콜라 철학이 구분되어 있었기 때문에 가톨릭에 관심이 없는 학생은 조치대학교가 가톨릭 대학이라는 사실 자체를 모르는 채 학교생활을 했다.

후일에 내가 가톨릭을 이해하고 개신교와의 일치감을 찾는 데 도움을 얻은 것도, 서구의 대학에 다녀 보지 못했으면서도 서구 대학을 어느 정도 이해하게 된 것도 모두 조치대학교 덕분이기에 그런 좋은 계기를 마련해 준 것을 고맙게 생각한다.

톨스토이를 과시하려는 욕구에서 벗어나다

이야기가 본 궤도를 벗어난 것 같긴 하지만, 당시 재미있었던 일화 하나를 소개하고 넘어가려 한다.

대학 예과 첫 여름방학을 지낸 뒤였다. 학기가 시작되는 첫 주에 서양사를 담당했던 교수가 "오늘은 첫 시간이기도 하니 약 15분 정도 방학 동안에 읽은 책을 발표할 사람이 있으면 해보라"는 제안을 했다. 다들 망설이고 있는데, 교수가 출석부를 훑어보더니 내 이름을 불렀다.

　나는 별 준비는 안 했지만 중학교 때부터 톨스토이를 많이 읽었던 데다, 교편을 잡은 1년 동안에도 몇 권 더 읽었기 때문에 톨스토이에 관한 이야기를 시작했다. 20분 정도 시간이 지났기 때문에 끝내려고 했는데, 계속하라는 학생들의 청에 결국 60~90분에 걸친 강의 시간을 몽땅 잡아먹고 말았다. 교수가 흔쾌히 허락해 주었으며 학생들도 흥미롭게 들어 주었다. 지금은 그때 어떤 내용을 소개했는지 기억하지 못하지만, 딱딱한 서양사보다는 재미있는 시간이 되었음에는 틀림없었다.

　그 일이 있고 난 다음부터 학생들이 나를 톨스토이 전문가로 여기는 듯한 인상을 받았다. 톨스토이에 관해 깊이 연구한 것은 아니나 그의 저작들을 많이 읽은 것은 사실이었고, 톨스토이에 관해 쓴 글들도 읽었기 때문에 나름대로 흥미롭게 이야기를 펼칠 수 있었다. 학생들은 나의 능란한 강의술에 약간 의아했을 것이다. 그들은 내가 학교 선생 경험이 있었다는 사실은 모르고 있었으니까.

　그 일이 계기가 되어 많은 학생으로부터 약간 어른 대접을 받는 경우가 있었다. 한번은 친구들이 많이 드나드는 책방에 들렀는데 두 젊은 자매가 경영하는 '자매서점'이라는 이름의 책방이었다. 동생 되는 아가씨가 나에게, "톨스토이 연구가 대단하시다면서요?"라며 선망과 관심을 보이기도 했다. 어떤 친구가 내 얘기를 했던 모양이었다. 예쁘고 명랑한 아가씨가 그렇게 말해 주니 싫지는 않았다.

그런데 이상하게도 나는 그 뒤로 톨스토이에 관한 책이나 그의 작품을 전혀 읽지 못했다. 이미 톨스토이를 벗어나 있었고 철학적인 방향으로 독서를 바꾸었기 때문이다.

지금도 톨스토이는 옛날 친구 같은 인상이 남아 있고 그의 대표작들을 제외하고는 후배들에게 강권하지도 않는다. 솔직히 말하면 나는 톨스토이를 너무 많이 읽었던 것이다. 일종의 과시하고 싶은 욕심 때문이었는지도 모른다. 그리고 일찍 톨스토이를 떠나게 된 것이 오히려 다행스럽기도 했다. 성장과 발전을 위해서는 한자리에 너무 오래 머무는 것이 바람직하지 않기 때문이다.

아리시마·아쿠타가와 작품에 매료돼

대학 예과 기간은 비교적 독서하기에 좋은 분위기였다. 외국어와 교양 과목이 대부분이었기 때문에 남는 시간에 책을 읽는 것이 곧 공부였다. 나는 줄곧 아르바이트를 했기 때문에 시간이 자유롭지는 못했으나 아르바이트의 업종이 육체노동이었으므로 공부와 독서에는 지장이 없었다. 아르바이트를 운동시간으로 여기면서 지냈다. 독서삼매경이란 그것을 체험해 본 사람들이 느끼는 행복의 경지이다. 그러면서도 고전음악을 많이 들을 수 있었던 것을 회상하면 무척 짜임새 있는 일과를 보냈던 것 같기도 하다.

나에게 별로 큰 도움은 주지 못했으나 몇몇 일본 작가를 접할 수 있었던 것은 이 기간, 특히 방학 동안의 독서 덕분이었다.

그 당시 도호쿠(東北)대학교를 중심으로 전개되던 문학 흐름에 속하는 아리시마 다케오(有島武郎)의 작품을 두세 권 읽었다. 상당히 감명 깊은 작품이었다. 대학 교수로 있으면서 인도주의적 작품을 시도했던 그가 결국 자신의 문학 정신과 인생관을 따라 유부녀와 동반자살을 했던 사건은 당시 독자들에게 적지 않은 화제와 관심을 불러일으켰다.

나는 그에게서 우리나라의 춘원과 비슷한 인상을 받곤 했다. 아리시마의 동생은 유명한 화가였다. 내가 아르바이트를 한 식당이 현대 미술관 지하에 있었기 때문에 그 화가를 여러 번 볼 기회가 있었다. 해방이 되고 오랜 세월이 지난 후에 그 화가의 딸이 유럽으로 가 큰 아버지인 아리시마의 과거 연인을 찾아가 만났던 일을 기록한 글을 읽고 다시 한번 그의 작품을 회상해 보기도 했다.

아리시마가 유부녀와 동반자살을 한 얼마 뒤에 질타라는 독일 여성이 아리시마의 묘소에 조용히 찾아와 헌화를 하고 돌아간 일이 있었다. 조카가 전하는 얘기에 따르면, 그녀는 약혼했던 남자와 파혼을 하고 평생을 독신으로 살다가 세상을 떠났는데, 그녀의 방에는 아리시마의 사진과 기념품들이 진열되어 있었다고 한다.

그렇다고 둘 사이에 사랑의 약속이나 육체적인 애정이 있었던 것은 아니다. 아리시마가 세계일주 여행을 하다가 유럽으로 유학을 떠났던 동생을 만나기 위해 며칠 동안 동생의 하숙집에 머물렀고 그 때 약혼 중이었던 질타라는 여성을 알았을 뿐이다. 그때 아리시마는 그녀에게 꼭 일본을 방문해 달라고 부탁했고 그녀는 그러마고 약속했다.

그 옛날 동양 끝에 있는 일본을 방문한다는 것이 쉬운 일도 아니었고 결혼을 앞둔 여성이 선뜻 방문 약속을 하기도 어려웠을 것이다. 그러나 그녀는 아리시마의 간청을 거절하지 못하고 방문을 약속했다. 그 뒤 아리시마는 부인과 사별하고 연인관계였던 유부녀와 함께 죽음을 택했다. 그리고 얼마 후에 질타 여사는 그 사실을 알고 쓸쓸히 초청객 없는 일본에 와 작가의 무덤에 헌화를 하고 돌아갔던 것이다.

내가 인상 깊었던 것은 후일 할머니가 된 질타 여사가 아리시마의 조카에게 했던 말이다. 그녀는 아리시마에 대해 "그분은 사랑을 아는 사람이었고 또 사랑할 수 있는 사람 같았다"고 얘기했다.

그의 대표작인 『어떤 여자』를 읽으면서 나도 그것을 느꼈다. 그의 『사랑은 한없이 빼앗는다』라는 에세이는 상당히 감명 깊은 글이었다. 그 글을 읽으면 그가 동반자살을 감행한 것을 이해할 수 있을 것 같기도 했다.

나는 누군가의 작품을 대할 때 작가의 사진을 살펴보는 습관이 있다. 톨스토이의 사진을 수없이 보았지만, 한 번도 다정한 친밀감을 느껴 본 일이 없다. 그러나 신기하게도 프랑스의 앙드레 지드(A. Gide)와 아리시마의 사진을 보면 어떤 매력이 느껴졌다. 특히 아리시마가 그러했다.

하지만 내 친구들이 즐겨 읽던 다른 일본 작가와는 친근해지지 못했다. 문학적 수준의 저조와 사상적 빈곤 비슷한 것을 느꼈기 때문일 것이다. 항상 책장에는 몇몇 대표적인 작가의 작품들이 있었으나 읽지는 않았다.

여기서 내가 소개하고 싶은 또 한 사람의 작가는 아쿠타가와 류노스케(芥川龍之介)로, 그는 『설국(雪國)』으로 노벨문학상을 받은 가와바타 야스나리(川端康成)의 선배이다. 나는 아쿠타가와의 작품에 상당히 매료되어 여러 권을 읽었다. 그리고 아쿠타가와의 대선배인 나쓰메 소세키(夏目漱石)의 몇 작품에도 손을 댈 수 있었다. 물론 당시 나는 도쿄(東京)대학교를 중심으로 형성된 이들의 문학적 흐름에서 노벨상 수상 작가가 나오리라는 생각은 꿈에도 하지 못했다.

또 나는 문학을 즐기는 젊은이였지, 문학을 전공하거나 많이 아는 편도 아니었다. 그러나 그 몇 사람을 통해 일본 문학의 순수한 전통과 거기에 나타난 일본미의 핵심에 어느 정도 접근할 수 있었다. 그것은 우연의 일치요, 큰 행운이었다고 생각한다. 그러나 안타깝게도 가와바타의 후배인 미시마 유키오(三島由紀夫)도 일본도(日本刀)로 자살했고 아쿠타가와와 가와바타도 자살을 했다. 나쓰메는 자살로 생을 마감하지는 않았지만, 말년에 약간 정신분열 증세에 빠져 있었다. 일본의 유명 작가들이 자살을 택한 것이 예술의 한계 때문이었는지 아니면 일본미의 극치와 자살의 동질성을 찾았기 때문이었는지는 잘 모르겠다.

철학 공부의
기초를 다지기 위한 독서

　나의 대학 생활은 그래도 행복한 편이었다. 계속되는 아르바이트 때문에 시간적 제약이 많았지만, 나같이 가난하게 자란 팔자로 그 옛날 대학을 다닐 수 있었다는 것은 감사히 여겨야 할 일이었다. 또 1년간 교편을 잡았던 것이 새 출발을 하는 데 적지 않은 도움이 되었다. 학생의 처지에서 교수들을 대하는 것이 아니라 학생을 가르쳐 본 선생의 위치에서 교수들을 대하는 태도에는 분명 다른 점이 있었고 교수의 입장을 이해하는 측면도 컸을 것이다.

　부족하고 미숙한 상태에서 할 수 없이 선생이 되었다가 더 높은 차원의 삶을 찾게 된 것은 고마운 일이 아닐 수 없었다. 내 마음은 열려 있었고 무엇이든지 받아들여 소화시킬 수 있을 것 같았다.

　그 당시 학생들이 꼭 읽어야 하는 몇 권의 책이 있었다. 대학생이면 누구나 읽었고 더욱이 철학을 지망하는 학생이라면 읽지 않을 수 없는 책들이었다. 그리고 고맙게도 가와이(河合) 교수가 주관하는 『학생과 독서』라는 책이 있었는데, 우리는 거기에 소개된 책들을 무조건 읽었다. 또 읽고 나면 더 좋은 책을 소개해 주기 때문에 독서의 광맥(鑛脈)은 무한히 뻗어 가는 금광 캐기와 같았다.

도쿄대학교의 이데 다카시(出隆) 교수의 『철학이전(哲學以前)』은 철학 입문에 해당하는 책으로 우리 모두가 읽었다. 내가 1960년대 초반에 내놓은 『철학입문』을 집필할 때 그 책을 연상해 보기도 했다. 서울대학교 박종홍 교수의 『철학개론강의』도 성격은 다르나 독자층은 비슷한 책이었다고 할 수 있다.

일본이 낳은 몇 명의 세계적인 철학자들이 쓴 책이 있었는데 아마 그들의 책이 독일어로 쓰였다면 일본어로 번역되어 읽혔을 만큼 상당히 높은 수준의 철학 서적들이었다.

철학 관련 필독서들을 섭렵하던 시절

그중에서도 니시다 키타로(西田幾多郎) 교수의 저서를 많이 읽었다. 철학 전공 학생뿐 아니라 대부분의 지성적인 지도층과 대학생도 읽었고 외국에도 잘 알려져 있었다. 미국 대학에서 강의하고 있던 김하태 교수도 니시다 연구를 위해 연구비를 받아 가지고 일본에 온 적이 있었다.

니시다의 철학적 장점은 서구 철학의 내용과 방법을 연구하는 데 불교적이고 동양적인 견해가 짙게 깔려 있어 철학의 새로운 영역을 개척한 데 있다. 당시의 일본 철학은 독일 철학의 지점이나 출장소 같은 위치에 있었다. 프랑스 철학이 그 뒤를 보충해 주었고 영·미 철학은 큰 평가를 받지 못했다. 최근 들어 오히려 영·미 철학이 더 활기를 띠게 된 것은 어느 정도 역사 무대의 주류를 따르는 학문적 현상이라고 보아도 좋을 것 같다.

니시다 교수의 『선(善)의 연구』는 그의 철학 입문서나 개론을 겸한 내용으로 비교적 쉬운 책이었다. 일본에서는 고등학교 정도의 학력을 가진 사람이면 모두가 읽을 수 있었다. 나도 일본에 갔던 해 봄, 감기에 걸려 고생하면서 집 안보다 따뜻한 햇볕이 드는 공원 등지에서 그 책을 읽었던 기억이 지금도 생생하다. 그 책은 나중에 우리말로 번역되기도 했다.

그의 뒤를 계승한 교토(京都)대학교의 다나베 하지메(田邊元) 교수의 책들도 좋았다. 일본 학생이면 누구나 읽는 분위기여서 나도 몇 권은 읽었다. 윤리학 분야에서 도쿄대학교의 와쓰지 데쓰로(和辻哲郎) 교수의 책(전 3권)은 독창성이 뛰어났다. 그는 종전 후 자신의 잘못을 반성하긴 했지만, 태평양전쟁 중에는 지나친 국수주의에 빠져 있었다. 그럼에도 당시에는 그의 책이 필독서의 하나로 되어 있었다.

미학에서는 오니시 요시노리(大西克禮) 교수의 책이 으뜸이었고, 종교철학에서는 하타노 세이이치(波多野精一) 교수의 책들이 주목을 끌었다. 하타노 교수의 후배들이 그의 종교철학의 흐름을 오늘까지도 계승해 오고 있다. 이들의 업적과 저서는 그 당시의 일본 철학계를 대표하고 있었다고 해도 과언이 아니었다. 그만큼 우리는 누구나 그 책을 읽지 않으면 안 되는 것으로 여겼다. 그리고 국립대학 계통은 아니었으나 미키 키요시(三木淸) 교수의 저서는 좀 더 대중적이면서도 독창적이었는데, 미국의 감리교 계통 철학자인 마이컬슨도 미키 교수의 역사철학을 높이 평가하고 있었다.

나는 이들 외에도 대표적인 개론에 해당하는 책들을 읽었다. 아베 지로(阿部次郞) 교수의 『윤리학의 근본 문제』, 하야미(速水) 교수의 『논리학』, 그 밖에도 심리학, 인식론 등의 책을 읽었다. 이런 독서는 학부에 가서 철학을 전공하기 위한 기초 작업이었던 셈이다.

우리 독서 풍토에 대한 아쉬움

당시 학생들 사이에는 약간 사상적 깊이를 가진 두세 권의 책이 베스트셀러였다. 구라타 하쿠조(倉田百三)의 『사랑과 인식의 출발』, 『출가(出家)와 그 제자(弟子)』 등과 아베 지로 교수의 『산타로(三太郞)의 일기』 등이 그것이다.

『사랑과 인식의 출발』은 우리말로 번역되어 나왔다. 일본 불교의 3대 인물의 하나인 신란(親鸞)의 생애를 그린 『출가와 그 제자』는 많은 생각을 하게 했던 작품으로, 춘원의 『원효대사』를 연상시키는 내용이다. 『산타로의 일기』는 일본에서는 최고 베스트셀러의 하나였고, 지금도 서점에서 발견할 수 있다. 내용이 있는 듯하면서도 없는, 철학도의 일기문 같은 책이다.

어떤 외국인이 그 당시 일본의 독서 분위기에 대해 "일본 학생들은 철학 바람을 타고 있고 철학은 어려워야 한다는 유행병에 걸린 채 책을 읽는 것 같다"고 평했다. 나도 그렇게 생각했기에 난해한 내용의 일본 철학서들을 애써 읽다가 내던지고 말았다.

그런데 오늘날과 같이 책을 읽지 않는 우리 젊은 세대에 비하면 모르면서도 읽었던 당시 젊은이들의 독서 풍토가 아쉽다는 생각이 들기도 한다. 친구인 김태길 교수도 그 당시 고등학교에 다니면서 내용도 모르는 채, 허세와 오기로 읽은 것들이 많았다고 얘기했다. 네가 읽으면 나도 읽는다든가, 남들이 다 읽는 책을 나만 읽지 않을 수 없다는 식으로 경쟁적인 독서를 했다. 그 시절에는 텔레비전도 없었고 오늘날과 같이 다양한 정보매체가 적었기 때문에 독서열이 더욱 높았는지도 모른다.

내가 생각하기에 1920년대부터 20~30년 동안이 일본에서는 독서의 전성기였던 것 같다. 정확한 통계자료를 바탕으로 하는 이야기는 아니지만, 지금껏 세계 여러 나라를 여행하면서 그 당시의 일본 사회만큼 책을 많이 읽는 나라는 좀처럼 경험해 본 적이 없다.

독서의 질적인 면에서는 차이가 있을지 모르나 독서량에서만큼은 일본이 가장 앞섰던 것 같다. 그런 시기에 일본의 대학에 다니게 된 것이 어느 정도 다행이라는 생각이 들기도 한다. 독서량은 언제나 유행을 타게 마련인데 일본의 독서계는 유행에 편승하는 측면이 강했던 것이 사실이다. 그러나 독서를 많이 했다는 것은 부러운 일이 아닐 수 없다. 루소의 『사회계약론』이 일본어로 번역된 것은 1890년대의 일이다. 그 책을 읽은 사람들이 일본 국회에서 루소식의 민주주의를 제창해 정치 분야의 한 흐름을 형성하려 했던 일이 있었다.

그런데 그 책이 우리말로 번역된 것은 한국전쟁 이후의 일이다. 아마 우리나라 국회의원들 가운데 그 책을 읽은 이가 얼마나 있는지 모르겠지만 그 책을 모르는 국회의원들도 적잖을 것 같다. 책을 읽지 않는 국회의원을 규탄하자는 얘기가 아니다. 그러나 오래전에 읽었던 사람들에게 존경의 뜻을 보내는 것은 잘못이 아니다. 정치인들이 지나치게 많이 알아도 문제지만, 너무 몰라도 문제이다. 책을 읽지 않아 모른다는 것은 덮어두기 어려운 수치일 수 있다.

파스칼의 『팡세』, 읽은 만큼 사색해야 하는 책

그즈음 내가 읽은 책 중에 가장 인상 깊었던 책은 파스칼의 『팡세』였다. 중학교 때부터 책 제목을 알고는 있었으나 그때 읽었다면 절반밖에는 이해하지 못했을 것이다. 그러나 상당히 깊이 있는 내용도 이해할 수 있는 수준에 이른 당시에는 하루에 얼마씩 정해 놓은 스케줄에 따라 열심히 읽었다.

『팡세』는 읽은 만큼 생각을 해야 하는 책이기 때문에 독서 기간이 오래 걸렸던 것 같다. 그리고 나중에 다시 한번 읽겠다고 다짐했었다. 물론 부분적으로 자주 들춰보곤 했으나 다시 한번 통독한 것이 1960년의 일이었으니 비록 20년 후일지라도 나 자신과의 약속은 지킨 셈이다.

나름대로 품은 뜻이 있어서 『팡세』를 읽는 사람이라면 많은 것을 깨닫게 된다. 그러나 중요한 것은 파스칼 자체를 읽는 일이다. 파스칼에 대한 저서는 수없이 많다. 원저를 읽은 다음에 그 평저들을 읽으면 정확히 이해할 뿐만 아니라 스스로 비판도 할 수 있게 된다. 그러나 원저를 읽지 않고 평저만 읽는 것은 바람직하지 못하다. 그것은 『논어』도 그렇고 칸트의 『순수이성비판』도 마찬가지이다. 유명한 책은 원저를 먼저 읽은 후에 평저를 읽는 것이 가장 좋은 읽기 순서이다.

짐작하는 이들도 있겠지만, 나의 위치에서는 『팡세』가 여러 가지 의미를 갖는다. 우선 나 자신이 기독교 신앙을 지켜 왔다는 점, 그리고 파스칼이 너무나 감동적인 신앙의 체험을 거쳤다는 점, 그만큼 과학적이고 합리적인 사색을 할 수 있는 사람이 별로 없는 데다 신앙에의 논리를 명료히 밝혀 주고 있다는 사실, 그리고 그의 종교적 과제가 항상 독창적이면서도 인간적인 것에 뿌리를 두고 있다는 점 등은 나의 관심을 끌고도 남음이 있었다.

뒤에 이야기가 나오겠지만 나의 신앙과 종교관은 파스칼, 아우구스티누스, 키르케고르, 도스토옙스키 등을 빼놓고는 생각할 수 없을 정도로 그들로부터 큰 영향을 받았다.

나는 지금도 폴 틸리히(P. Tillich)를 제외하고는 신학자들의 교리적인 신학을 그리 좋아하지 않는다. 라인홀드 니부어(R. Niebuhr)의 글은

자주 읽었다. 물론 루돌프 불트만(R. Bultmann)의 『역사와 종말론』도
의미 있게 읽었으나 신학을 위한 신학자의 책은 거북함을 느끼곤 했
다. 그런 내가 파스칼을 읽었다는 것은 잊을 수 없는 사색과 사상의
한 계기가 되었다.

지금은 『팡세』가 여러 판본으로 번역되어 나와 있다. 그런데 이상
한 것은 점점 독자가 줄어들고 있다는 점이다. 생각하기 싫어하는 젊
은이들이 읽을 리 만무하며, 지성적이고 인간적인 관심과 과제를 외
면하는 사회지도층도 읽지 않는다. 그만큼 관심 밖의 책이 되고 말았
다. 마치 그것은 왕실 음식이 햄버거나 치킨을 좋아하는 세대들에게
관심을 받지 못하게 된 것과 비슷한 현상이다.

파스칼의 말대로 "삶의 고뇌에서 벗어나기 위해 토끼 사냥을 떠나
려는 사람에게, 토끼 고기를 줄 테니 사냥을 나갈 필요가 없다고 권
하는 것" 같은 아이러니한 현실이다. 현대인들은 야구시합에 열광할
수 있으면 된다. 그래서 정신적 고뇌, 실존적 과제 등을 외면한다. 그
래야만 즐겁게 살 수 있기 때문이다. 몸을 흔들며 노래하는 젊은이들
에게 베토벤을 들으라고 권하는 것이 잘못일 것이다. 이런 생각을 하
면 왠지 우울한 기분이 들기도 한다.

Part 2

책 읽기,
위대한 사상가들과의
행복한 조우

사상적 자아 성장의 두 기둥,
니체와 키르케고르

내가 대학에 다닐 때 세계적으로 가장 많이 읽혔던 책은 쇠렌 키르케고르(S. Kierkegaard)와 프리드리히 니체(F. W. Nietzsche)의 것이었다.

제2차 세계대전 후 독일의 대표적인 철학자 카를 야스퍼스(K. Jaspers)는 그의 유명한 『이성과 실존』 책머리에서, 생존해 있을 때는 그렇게 유명하지 않았으나 세상을 떠난 후 지금까지 가장 큰 영향력을 미치고 있는 두 사상가가 있는데, 하나는 키르케고르이고 다른 하나는 니체라고 서술했을 정도이다.

그 시절, 세계 사상계와 철학계는 마치 '니체 르네상스' 시대였다고 해도 과언이 아니었다. 니체를 읽지 않은 젊은이는 대학생 자격을 갖추지 못한 것으로 여겨졌다.

니체는 1844년에 태어나 1900년에 세상을 떠났지만, 말년의 11년 동안은 정신질환으로 정상적인 활동을 못 했기 때문에 실제로 그가 산 나이는 45세까지라고 보아야 할 것이다. 그의 아버지와 할아버지 모두 목사였고, 그의 조모와 모친도 목사의 딸이었다. 그러나 그는 자신을 키워 준 기독교적 분위기 속에서 기성 기독교를 누구보다도 강렬히 파괴하려 했고 전 생애를 걸고 기독교에 도전한 사상가였다. 마치 그는 전통적인 기독교의 가치관을 파괴하는 것이 자신의 사명 인 듯 그것에 모든 삶을 바쳤다.

세계 젊은 지성인들의 정신적 우상 니체

니체가 택한 정신적 주체는 무엇인가. 그는 대학 시절 그리스 사상과 문헌학을 연구했다. 그래서 그의 세계관 속에는 기독교보다 그리스 정신이 자리 잡았고, 그리스 정신의 뿌리와 통하는 동양적 사상을 남달리 터득하고 있었다. 사실 그는 철학도가 될 생각은 없었다. 우연한 기회에 아르투르 쇼펜하우어(A. Schopenhauer)를 읽고 크게 감명받았는데, 쇼펜하우어의 철학적 뿌리는 동양 철학이었다.

또 젊은 니체는 목사의 가정답게 음악적 분위기에서 자랐다. 자신도 피아노를 즐겼으며 음악에 조예가 깊어, 사는 동안 70여 곡을 작곡했다고 전해진다. 그는 바그너의 음악을 대단히 높이 평가했고 한때 바그너에 심취하기도 했다. 그의 시인다운 정신과 예술성이 풍부한 문장은 타고난 천분이기도 했으나 어려서부터 그런 소질을 갖춘 덕분이기도 했다.

그는 참으로 화려한 문장을 구사했다. 슈바이처도 프랑스어로 쓰인 책 중에는 루소의 『사회계약론』 이상의 문장이 없고, 독일어 문장에서는 니체의 『선악의 피안』이 최고라고 감탄한 적이 있다. 그러나 니체 자신은 『차라투스트라는 이렇게 말했다』가 최고의 문장이라고 거론했다.

니체는 독일어를 피와 눈물로 서술한 사람은 하인리히 하이네(H. Heine)와 자신이 있을 뿐이라고 자부했다. 그러나 하이네는 유대인이니 독일인으로서는 자신이 최고의 문장가라고 자처했던 것 같다.

청년 시절 내가 심취했던 책은 물론 『차라투스트라는 이렇게 말했다』였다. 정열을 가진 젊은 지성인들이 빠져들지 않을 수 없는 내용으로 그 영향력이 대단히 컸다.

내가 대학에 다닐 무렵에는 히틀러(A. Hitler)와 무솔리니(B. Mussolini)가 이끄는 새로운 군부 세력이 유럽에서 전쟁을 벌이고 있었다. 그때 히틀러의 유일한 맹우였던 무솔리니가 연합군의 포로가 되었다. 당시까지 세계 어느 나라도 헬리콥터를 가지고 있지 못했다. 그때 히틀러는 헬리콥터를 보내 무솔리니를 산장에서 구출해 내 전선의 전방으로 데려오는 데 성공했다. 세계를 깜짝 놀라게 하는 사건이었다.

이렇게 실의에 찬 무솔리니에게 히틀러는 가장 좋은 장정으로 꾸며진 니체 전집을 선물로 보냈다. 자신의 권력의지와 승리를 전하고 싶었던 것이다. 히틀러는 니체의 애독자였고 그를 숭상하는 인물이었다.

영국의 유명한 희곡 작가 조지 버나드 쇼(G. B. Shaw)의 걸작 『사람과 초인』이 런던에서 공연된 적이 있다. 100일 동안 계속되었는데 언제나 만원이었다고 한다. 그 작품이 100일에 걸쳐 상연된 후에는 런던 사람들의 신경쇠약이 말끔히 가셨다고 한다. 버나드 쇼도 니체의 애독자였고 그의 초인정신을 받아들이고 있었다.

지금도 『사람과 초인』을 읽는 사람은 마음속에 자리 잡고 있는 번잡스러운 삶의 노폐물과 찌꺼기들을 쏟아 버리고 새로운 삶을 기약하고 싶은 심정이 될 것이다. 나도 니체의 초인정신을 쇼에게서 재발견하는 흐뭇함을 느꼈다.

니체의 초인사상과 운명애

니체는 많은 저서를 남겼지만, 여기서 그 내용이나 사상을 일일이 소개할 여유는 없다. 『차라투스트라는 이렇게 말했다』에 나타난 한두 가지 근본 정신을 소개한다면, 우선 강자로서의 윤리를 대변하는 그의 초인사상을 들어야 할 것이다.

니체는 쇼펜하우어의 철학적 존재의지(存在意志)를 삶에 대한 권력의지로 발전시켰다. 우리 인생에서 가장 중요한 것은 삶의 의지이며, 이 삶의 의지는 그 핵심이 권력의 의지라고 보았다. 그것이 강자의 가치관이며 승리자의 신조가 되어야 한다. 역사는 의지력이 지배하며 약자의 윤리와 가치는 무의미하다. 패자에게는 힘이 없기 때문에 정의도 인정받지 못하며 삶의 가치가 자리 잡을 곳이 없다. 이 강자의 윤리를 대신하는 것이 권력의지이며 그 권력의지를 구현하는 사람이 초인인 것이다.

니체는 잡다한 생각과 관념의 노예가 되어 버린 현대인들에게 수많은 말초적 가치관과 세분화된 도덕관념을 버리고 한두 가지 강자의 윤리와 가치관을 가져야 한다고 선언했다. 그에게 초인은 신들의 존재보다 더 위대하고 값진 것이었다.

이러한 초인은 세계 운명에 대한 순응과 운명애(運命愛)의 철학을 갖추고 있다. 태양은 떠오름도 위대하지만 몰락 또한 장엄하다. 초인은 세계 운명과 더불어 영구회귀(永久回歸)의 정신을 사랑한다. 태양과 우주가 영구히 회귀 활동을 계속하듯이 인간은 스스로의 운명을 우주적인 끝없는 회귀와 일치시키면 되는 것이다. 그가 인도적이며 불교적인 영구회귀와 운명애를 주장하는 이유가 여기에 있다.

그는 예수 그리스도를 제외한, 제자들과 교회 지도자들이 내세우는 약자의 윤리와 노예근성을 정당화하려는 교리를 배격했다. 예수는 구약에 대한 파괴자였고 혁명가였으나 그를 추종하는 소위 기독교인들은 복종과 자기기만의 허울을 쓰고 자족한다고 보았다.

니체는 자신이 표현했듯이 '망치를 들고' 기성 문화와 가치관을 파괴하고 새로운 철학을 재건하는 데 온 정열을 바쳐 혼신의 투쟁을 다했으나 결국 자신은 정신장애인으로 귀착하는 운명이 되었다.

그는 결혼을 생각한 적이 없었기 때문에 처음에는 모친의 보호를 받았고 후에는 누이동생의 보살핌을 받으며 여생을 보냈다. 전기 작가에 따르면 병중의 그는 어린애와 같이 순종하는 자세였다고 한다.

누이동생은 '위대한 천재의 말년은 해가 지는 석양과 같이 적막했다' 고 기록했다.

이러한 니체의 정신은 독일과 유럽 정신사에 큰 전환점을 만들어 주었다. 그의 뒤를 이은 삶의 철학과 실존주의 정신은 한때 전 유럽을 휩쓸었을 정도였다. 독일 철학과 사상을 좋아하지 않는 미국에서도 니체의 책은 수많은 독자를 가지고 있었으며 일본 젊은이들의 니체에 대한 애정 역시 대단했다.

가장 심오한 자아성찰자 키르케고르

키르케고르는 니체에 비해 시대적으로는 선배였지만, 그의 조국이 덴마크였기에 세계 무대에 소개되기까지 긴 세월이 필요했다. 1905년을 기점으로 그의 저서들이 독일어로 번역되기 시작하면서 그가 세계 사상계에 본격적으로 등단하게 되었다.

그는 니체보다 늦게 세계 무대에 등장했음에도 그 영향력만은 실로 니체에 버금갔다. 일본에서도 키르케고르 협회가 계속 활동하고 있으며 우리나라에서도 키르케고르 연구회가 조직된 바 있다. 미국 학계의 분위기는 영·미 철학이나 사상이 아니면 크게 환영받지 못하는 것이 보통이다. 그럼에도 키르케고르에 대한 관심과 연구만은 굉장했다.

키르케고르의 생애도 니체와 흡사한 점이 많았다. 1813년에 태어나 1855년에 세상을 떠났으니 40세를 겨우 넘긴 짧은 생애를 살았다.

말년에는 정신 및 심리적 질환을 앓은 것으로 보아 니체처럼 시대적 사상을 파괴하고 그것을 극복하는 데 전 생애를 바친 뒤, 스스로의 신체적 한계와 패배를 자청한 결과를 낳았던 것 같다. 이 두 사람을 가리켜 예외자, 소외자, 고독한 파괴자라고 부르는 데에는 아마 그런 의미도 포함되어 있을 것으로 여겨진다.

키르케고르는 한 인간으로서 생활의 폭이 대단히 좁았다. 그리고 누구도 따를 수 없을 정도로 자아에 집착하는 일생을 살았다. 지금도 키르케고르 연구가들이 그의 정신세계와 사상을 알기 위해 그의 일기문을 살피는 이유가 여기에 있다. 그의 삶과 사상은 아버지와의 관계와, 너무나 사랑한다는 이유로 파혼한 약혼녀 레기네 올센과의 관계를 통해 형성되었다. 그 두 인물이 없었다면 키르케고르의 철학과 사상은 탄생하지 못했을 것이라고 사람들은 말한다.

세계에서 가장 심오하게 자아의 문제를 취급한 사상가가 키르케고르였다고 해도 과언이 아니다. 그는 자아의 문제를 넘어 그 외의 주제를 연구한 적이 없을 정도였다. 그의 대학 졸업 학위논문이 「소크라테스의 아이러니에 관하여」였는데, 소크라테스가 "너 자신을 알라"고 말했다면 그 뜻에 가장 충실하게 생애를 바친 사상가가 바로 키르케고르였다.

그는 기독교적 신앙문제 때문에 아버지를 등졌다가 죄에 대한 공동의식을 가지면서 아버지와 화해했다. 둘 사이에 화해가 이루어지고 난 뒤에 부친이 세상을 떠나게 된 것을 크게 감사했다.

한편, 그는 30세가 넘은 나이에 14세의 소녀 레기네를 사랑했다. 결혼이 허락되는 법적 연령인 17세까지 기다려 그녀와 약혼을 했지만, 약혼 1주년에 일방적으로 파혼을 선언했다. 그로 인한 키르케고르의 고뇌는 대단한 것이었다.

그의 첫 저서 『이것인가 저것인가』는 애인에게 자신의 심정을 알리고 싶어 집필한 방대한 양의 기록이었다. 그 뒤 레기네와의 사랑을 다시 결혼으로 회복시킬 수 있으리라 다짐하면서 쓴 책이 『반복』이다. 그러나 레기네는 가정교사였던 남자와 결혼하고 키르케고르는 죽을 때까지 레기네를 정신적으로 사랑했다. 임종하는 순간까지 그는 레기네에 대한 관심과 사랑의 마음을 지니고 있었다.

기독교적 고뇌가 녹아 있는 키르케고르의 책들

그 뒤 키르케고르는 자신이 사회적으로 비난과 비판의 대상이 되자 기성세대와 세속에 물든 기독교 정신계를 반격하는 저서를 남겼다. 아마 역사에 길이 남을 명저 『불안의 개념』과 『죽음에 이르는 병』이 그 대표작이며, 『철학적 단편』과 『철학적 단편 후편』은 그의 철학과 사상을 입증하는 훌륭한 저서가 되었다.

키르케고르도 니체 못지않게 대단히 뛰어난 문장가였다. 역시 그것은 그의 천분에 속하는 것이다. 『죽음에 이르는 병』을 읽은 사람은 그의 문장이 니체보다도 앞선 것이라고 평할지 모른다. 그런 탁월한 글을 읽고 나면 우리는 어떤 열등의식에 사로잡히지 않을 수 없게 된다.

키르케고르의 철학을 한마디로 표현한다면, 소크라테스의 '너 자신을 알라'는 명제에 대해 예수 그리스도 앞에서 "나를 알 수 있었다"라고 대답한 것이라고 말할 수 있을 것이다. 니체와 마찬가지로 기독교는 키르케고르 일생의 과제였다. 그러나 니체는 기성 기독교를 파괴했고, 키르케고르는 정신적으로 기독교 신앙을 재건한 것에 가깝다.

지금까지도 키르케고르가 19세기를 대표하는 기독교 사상가로 알려지고 있음은 그 신앙의 심오함과 독자성이 입증한다. 신 앞에서 단독자로서의 자아를 찾는 것이 그의 정신적 과제였다.

이렇게 본다면 니체는 동양과 그리스 철학을 대신하는 사상가였고, 키르케고르는 전통적인 기독교 정신을 그 근본에서 재정립한 종교 사상가였다고 보아도 좋을 것이다.

그들은 각기 세계정신의 두 가지 측면을 대표했다고 할 수 있다. 그리고 이 두 사람은 카를 마르크스(K. Marx)의 사회주의와 대조되는 개인주의를 지켜 준 위대한 인물이기도 했다. 니체는 인간(개인)을, 키르케고르는 자아를 문제 삼았기 때문이다.

나는 니체에게서는 일찍감치 떠났으나 키르케고르에게 오랫동안 붙잡혀 세월을 보냈다. 나에게 니체는 화려한 파도와 같이 문제의식을 남기고 지나간 사상가였다면, 키르케고르는 인간 및 그 주체성과 기독교적인 세계관을 형성하는 데 지속적으로 영양분을 제공해 준 사상가였다.

어쨌든 내 독서 생활을 통해 이 두 사람은 잊을 수 없는 자아 발전의 디딤돌이 되었고 그 영향은 지금까지 계속되고 있다.

차이가 있다면 니체의 손은 좀 일찍 놓았던 반면, 키르케고르의 손은 더 오래 붙들고 지나 왔다는 것이다. 그에 관한 두세 편의 논문을 쓰게 된 이유도 여기에 있었다.

내 입장에서 『차라투스트라는 이렇게 말했다』와 『죽음에 이르는 병』은 지금도 여전히 읽기를 권하고 싶은 책이다.

우리말과 글에 대한
사무친 그리움

≡

요사이 조기 교육에 대한 관심이 높아지고 있다. 조기 교육이 천재 교육과 일치하는 듯이 착각하는 사람들도 있다. 그 조기 교육 중 하나가 어렸을 때부터 영어를 가르치는 일이다. 어떤 부모는 자녀가 초등학생일 때부터 미국에 보내 현지 풍습과 더불어 생활영어를 배우도록 이끌어 준다. 좋은 일이며 가능하다면 그렇게 하는 것도 괜찮을 것이다.

그러나 한편으로는 어려움도 있다는 사실을 미리 알아둘 필요가 있다. 영어를 아주 잘하려면 영어로 생각해야 한다. 만일 영어로 생각할 정도가 되면 우리말은 그만큼 서툴러질 수밖에 없다. 우리말에서 최고의 수준을 유지하려면 영어에서 최선의 능력을 발휘하기 힘들다. 두 가지 말을 다 최고의 경지에 올려 놓는다는 것은 불가능하다.

이다음에 작가나 시인이 되기를 원하는 사람은 가장 우수한 우리 글과 문장을 쓸 수 있어야 한다. 그런 사람은 일찍부터 영어나 외국어를 잘하는 데 차질이 생긴다.

나는 내 친구들 가운데 영어를 한국어보다 더 잘하는 이들을 알고 있다. 그들의 고민은 논문을 쓰거나 어떤 문장을 발표할 때 항상 어려움을 겪는 데 있다. 우리글로 적절한 문장을 쓸 수가 없기 때문이다. 만일 그들이 작품을 쓰거나 시인이 되기를 원한다면 그것은 불가능하다. 최고의 문장을 표현할 수 없기 때문이다.

우리말과 글을 쓸 수 없었던 일제 치하의 비극

내가 이런 얘기를 하는 데는 이유가 있다. 나는 초등학교를 졸업할 때까지는 우리말로 살았다. 일본어를 별로 쓰지 않았다. 그러나 중학교에 간 뒤로는 일본어가 주된 언어로 변했다. 일본어를 국어라고 했고 우리말과 글은 조선어 시간에 배웠다. 그리고 일본어 시간이 훨씬 많았다. 그러다가 중학교 마지막 1년은 학교에서 우리말을 사용할 수 없었다. 우리말을 쓰면 징계의 대상이 되어야 했다.

그러는 동안에 우리말과 글을 제대로 배우지 못했다. 중학교를 졸업한 뒤에는 일본에서 대학을 다녔기 때문에 우리 한글을 사용할 기회가 생기지 않았다. 그리고 일본 학생들과 지내는 동안에는 자연히 최선의 일본어를 써야 한다는 의무감 같은 것을 느꼈다. 따라서 내가 일본에서 대학 공부를 끝낼 즈음에는 나도 모르게 우리말과 글보다 일본어에 더 관심을 기울였다.

해방을 맞이한 뒤에야 다시 우리말로 복귀한 셈이다. 그러니까 당분간은 우수한 일본어도 쓰지 못했고 수준 높은 한국어를 구사하지도 못했다. 솔직히 말해서 부끄러운 상황에 처해 있었던 것이다.

그런 상황에서 해방의 소용돌이를 겪었고 한국전쟁을 치렀기 때문에 학교에서 교편을 잡으면서도 우리말과 글에 대해 체계적인 공부를 하지 못했다. 그래도 우리말과 일본어는 공통점이 많아 사고의 순서를 바꾸거나 언어 배열이 어긋나는 점은 없어 큰 어려움은 겪지 않은 셈이다. 그러나 한자를 정확하게 발음하는 데는 적지 않은 어려움을 겪기도 했다. 그것은 지금까지도 영향을 미치고 있다.

그런데 언어의 배열과 사고의 순서가 다른 영어나 서양어를 일찍부터 배운다는 것은, 지금 당장은 몰라도 먼 후일까지 지속된다면 여러 가지 어려움이 없지는 않을 것이다. 내가 이런 얘기를 꺼내는 것은 언어 교육이나 외국어 교육의 문제 때문만은 아니다.

우리말을 자유롭게 입 밖에 낼 수 없었던 상황에서 자란 내가 일본에 가서 공부를 했다는 것은 우리 것에 대한 깊은 관심과 자신감을 잃게 한 원인이 되었다. 일제강점기 말 일본의 식민정책이 한국 것을 말살시키려는 데 있었던 점을 미루어본다면 그것이 우리에게 얼마나 큰 역사적 비극의 원인이 되었던가를 짐작하고도 남는다.

이런 상황을 잘 알고 있었기 때문에 나는 대학 생활을 시작하고 맞이한 첫 여름방학을 이용해 우리 것을 좀 읽어 보자고 생각했다.

그때 손에 잡은 것이 우리나라의 역사소설이었다. 역사적 교양을 쌓는 동시에 우리 문장의 세련된 흐름을 접해 보고 싶었던 것이다. 그리고 철학적 사색에서 벗어나 정신적 휴식 같은 여유를 얻고 싶은 기대도 있었던 것 같다.

세련된 우리글 접하고 싶어 읽었던 역사소설

나는 몇 권의 역사소설을 읽었다. 물론 그것만 읽은 것은 아니다. 그 당시에는 춘원의 역사소설이 대표적이었다. 『단종애사』를 읽으면서 정권에서 비롯되는 비극의 기록을 엿보기도 했고, 『마의태자』와 『원효대사』를 읽으며 과거 우리 역사에 대한 반성과 후회가 뒤섞인 느낌을 받기도 했다. 박종화의 『금삼의 피』도 읽었고 그 밖의 책들도 읽었다.

다른 나라 작가들이 쓴 역사소설은 읽을 필요가 없었다. 우리 역사 이야기이여서 읽은 것인데 역시 도움이 되었다고 생각한다. 이처럼 대중을 향한 계몽주의적 의의가 있는 작품들을 차라리 중·고등학생 때 읽었더라면 더 좋았을 뻔했다.

언제인지는 확실하지 않지만 『삼국지』도 읽었다. 분량이 긴 작품이었지만 지금도 읽은 것을 후회하지는 않는다. 한때 한국에 파견 와 있던 어떤 일본 총독이 자기는 『삼국지』를 세 번이나 읽었다고 얘기한 것을 들었다. 사실 한 번 정도 읽으면 좋을 책이라 생각한다. 어떤 이들은 『삼국지』가 동양인의 지혜가 망라된 거작이라고 평하기도 한다. 그 책을 읽는 동안에 중국과 중국인의 기질을 알게 되었고, 거기에 나오는 주인공들 중의 하나가 나 자신임을 깨닫기도 했다.

도스토옙스키의 『카라마조프가의 형제들』이 각각의 인물들을 치밀하게 분석해 보여줬다면, 『삼국지』의 주인공들은 각각을 합해 인간 전체를 보여주는 느낌이었다.

『삼국지』를 읽은 후 『수호지』도 읽었으면 하는 욕심을 가졌으나 첫머리의 몇 페이지를 읽다가 포기해 버렸다. 이 책을 읽는 데 더 많은 시간을 할애할 필요가 없다고 느꼈기 때문이다. 그러나 『삼국지』는 나이든 후에라도 한 번쯤은 읽을 만한 책이다. 꼭 권하고 싶지는 않으나 읽어서 후회는 없는 책이다.

독서를 하다 보면 역사책이나 역사소설은 아니지만, 실제 역사적 시대와 사회를 배경으로 삼는 작품들이 있다. 대표적인 것으로는 톨스토이의 『전쟁과 평화』, 빅토르 위고(V. Hugo)의 『레 미제라블』, 찰스 디킨스(C. Dickens)의 『두 도시 이야기』 등을 들 수 있는데, 이 소설들은 시대상을 반영해 그 내용이 상당히 풍부하고, 이야기식 역사책보다 유익한 점들을 많이 지니고 있다.

기독교 사상과 신앙의 바탕이 된 『고백록』

대학 예과 때, 파스칼·키르케고르·니체 등의 저서는 누구나 읽는 책들이기는 했으나 내게는 상당히 큰 도움을 준 책이다. 특히 내가 기독교 사상과 신앙에 깊은 관심이 있었기 때문에 파스칼과 키르케고르는 평생 내 정신적 무대를 떠날 수 없는 마음속 주인공들이도 했다. 그들의 책은 아우구스티누스, 도스토옙스키와 더불어 나의 종교관에 가장 큰 영향을 준 저작들이다.

아우구스티누스의 『고백록』도 대단히 좋은 책이다. 지금은 우리말로 훌륭한 번역이 나와 있지만, 당시에는 제대로 된 번역본이 드물었다. 그래서 한두 친구에게 그 번역을 부탁한 적이 있었으나 라틴어에 조예가 깊은 사람이 없어 뜻을 이루지 못하고 있었다. 그때 최민순 신부가 좋은 번역을 완성시켜 주었다. 최 신부는 단테의 『신곡』도 번역해 준 적이 있다.

『고백록』의 전반부는 저자 아우구스티누스의 생애에 관한 고백이다. 수준 높은 문장과 논리적 표현을 갖추고 있으며 신학 및 철학적인 관심과 문제의식도 풍부한 책이다. 특히 후반부에 나오는 시간에 관한 고찰은 역사적인 고전의 하나라고 보아도 크게 틀리지 않을 것이다. 그의 『고백록』은 수많은 신학자와 철학자가 지금도 인용하고 있다.

후에 아우구스티누스는 『신의 나라』, 즉 '신국'이라 불리는 방대한 저서도 서술했다. 내용과 분량이 엄청나기 때문에 많은 사람이 읽지는 않는다. 나는 대학에서 역사문제를 강의하기 위해 그 중심 내용을 살펴보았다. 사람들은 이 책을 인류가 갖게 된 최초의 '역사철학'이라고 평한다.

19세기 초 헤겔의 『역사철학』이 나오기 전까지 역사철학서다운 책이 없었던 것이 사실이기도 하다. 기독교와 철학에 관심을 갖고 있던 나 같은 사람은 『고백록』을 비롯한 아우구스티누스의 저작과 그의 어록집을 들추는 것이 습관이 되어 있었다.

어떤 이들은 아우구스티누스에 대해 모든 고대 정신과 철학을 총망라한 뒤, 그것을 중세기 사상으로 전개시켜 준 역사적 전환기의 거장이라고 평하기도 한다. 아우구스티누스와 더불어 고대가 끝나고 중세기가 시작된 것이 서양의 정신사 및 철학사였기 때문이다.

아우구스티누스·파스칼·키르케고르 등은 인간이 갖는 사상 및 철학적 과제를 기독교 신앙의 방향에서 해결해 준 대표적인 인물로 볼 수 있을 것이다. 컬럼비아대학교의 랜둘 같은 철학자는 폴 틸리히를 가리켜 20세기의 아우구스티누스에 해당하는 신학자라고 높이 평가한 적이 있다. 틸리히를 읽는 사람은 그의 신앙적 문제의식과 사상을 아우구스티누스에게서도 공통적으로 발견하게 될 것이다.

나는 이상하게도 기독교에 관심은 많으면서도 신학자들의 책은 별로 좋아하지 않았다. 읽으려고 노력했으나 꾸준히 읽어 나갈 끈기와 인내심이 없었던 것 같다. 미국의 대표적 신학자였던 라인홀드 니부어도 카를 바르트(K. Barth)의 신학을 다 읽으려면 성경을 읽을 시간이 없어진다고 비꼰 일이 있다. 대부분의 신학자들의 저서는 성서에 대한 해석에서 시작해서 변론에 그친 것이 보통이기 때문이다.

그래도 나는 폴 틸리히의 저서들은 지금도 좋아한다. 그리고 불트만이나 니부어까지는 읽어 두면 유익하다고 생각한다. 그들은 신학을 위한 신학이 아니라 인간의 역사 및 사회 문제와 철학의 과제를 그리스도의 정신에서 해명하려고 노력했기 때문이다.

이야기가 주관적인 방향으로 치우친 것 같지만, 이런 독서가 나의 정신적 길이었고 사상의 성장과정이었기에 빼놓을 수 없었다.

토인비와 니부어의 사상에 감명 받아

한때 영국인들은 아널드 토인비(A. J. Toynbee)의 저서와 글을 즐겨 읽었고 미국인들은 니부어의 책을 많이 읽었다. 토인비의 『역사의 연구』는 방대한 책이다. 읽어야 할 분량이 너무 많아 그의 연구가이자 제자인 데이비드 서머벨(D. C. Somervell)이 토인비의 도움을 받아 정리한 축약본을 많이 읽었다.

내가 1947년에 삼팔선을 넘어 서울에 왔을 때 서점에 들러 보니 제2차 세계대전과 해방의 혼란기였음에도 불구하고 토인비의 책들은 번역본으로 나와 있었다. 그 당시에는 서점도 별로 없었고 책다운 책을 찾아볼 수 없는 문화적 황폐기였다.

지금은 토인비의 『역사의 연구』가 모두 번역되어 있다. 일본에서는 여러 번역본이 있다는 말을 들었다. 사람들이 토인비를 가리켜 예언적인 역사가라고 말했을 정도로 그는 미래에 대한 역사적 견해와 방향을 제시해 주었다.

나는 토인비를 접하면서 철학을 전공하지 못하게 된다면 역사학을 공부해 보고 싶다는 생각을 가진 적이 있다. 대학에서 오래 역사

철학을 강의했고 『역사철학』을 쓰게 된 것도 토인비의 역사책을 읽은 것이 간접적인 원인이 되었던 것 같다. 20세기 전반기에는 토인비에 대한 관심과 기대를 갖지 않은 지성인이 거의 없었을 것이다.

라인홀드 니부어는 신학자로 『신앙과 역사』라는 저서를 남겼다. 1962년 봄학기에 하버드대학교에서는 노(老)신학자인 니부어를 초청해 모든 학생을 대상으로 한 학기 동안 특강을 실시한 적이 있다. 니부어는 미국의 정치사상사에 관해 강의했다. 수강생은 수백 명을 헤아릴 정도였고 외국의 소장 교수들도 항상 참여했다. 신학과 역사를 연구했던 니부어 역시 아메리카 지성인들의 관심과 기대를 모으는 예언자적 역할을 담당한 인물이었다.

나는 영국이나 미국이 선진국가로서의 역할을 담당하게 된 데에는 높은 수준의 지성적 지도자들이 있어 국가의 사회적 병폐를 지적하고 시정을 요구하며 국가와 사회가 나아갈 방향을 제시할 수 있었기 때문이라는 그의 강의에 큰 감명을 받았다. 그것이 선진사회를 이룩하고 사회적 지도력을 유지하는 원동력이 되어 왔다고 생각한다.

불행하게도 후진국가에는 그런 정신적 선구자나 예언자적 역할을 담당하는 지성인이 없기 때문에 국민들이 역사적 진로를 상실하는 것이다.

생각해 보면 국민 대중의 지도자로서의 정치가, 기업가, 행정가는 있어도 정신적 지도자로서의 종교인, 역사가, 학자가 없다는 것이 우리의 슬픈 현실이다. 더욱이 그런 임무를 맡아야 할 지성인들이 국회의원이나 장관으로 전락하는 것을 보면 지성의 타락이 아닌가 하는 생각을 하게 된다. 우리는 지금 정신적 지도자가 아쉬운 시대에 살고 있다.

칸트와 헤겔,
독일관념론의 시작과 끝

≡

칸트의 철학적 후계자는 요한 피히테(J. Fichte)였다. 칸트는 피히테를 칭찬했고 그의 저서 출간을 돕기도 했으나 피히테가 자기를 떠나 독자적인 체계를 발표했을 때 '나를 인용할 가치도 없는 잘못된 철학'이라고 혹평했다. 철학적 결별이었다.

피히테의 뒤를 이어 그의 철학을 계승한 사람은 프리드리히 셸링(F. Schelling)이었다. 그러나 셸링이 동일성의 철학을 주저로 내놓았을 때는 피히테의 분노를 샀을 정도로 피히테의 껍질을 벗어나 있었다.

셸링의 뒤를 따르던 게오르크 헤겔(G. Hegel)도 그러했다. 『정신현상학』 서문을 읽은 셸링은 헤겔에 대해 분노에 가까운 반박을 가했다. 헤겔도 셸링의 철학은 어두운 밤에 홍두깨를 내밀듯이 전제가 없는 것이라고 비판을 가했기 때문이다.

나는 대학에 다닐 때부터 칸트는 나귀, 피히테는 호랑이, 셸링은 말, 헤겔은 소와 같은 철학자라고 느껴왔다. 칸트는 나귀와 같이 한 없이 무거운 철학의 짐을 지고 자기 길을 걸어갔던 철학자였다. 이에 비하면 피히테는 『독일 국민에게 고함』에서도 느낄 수 있듯이 날쌘 호랑이와 같이 시대를 헤쳐 나간 기질의 소유자였다. 셸링은 비상한 천재였다. 20세 무렵에 대작에 착수해 훌륭한 저서를 남겼고 20대 전 반기에 대학에서 강의를 맡았을 정도로 학문적 발전이 빨랐다.

이에 비하면 헤겔은 대기만성의 기질을 그대로 보여준 학자였다. 자기보다 4년이나 연소한 셸링의 도움을 받아 뒤늦게 가정교사 생활을 끝내고 셸링을 뒷받침했을 정도였다. 그러나 소는 말보다 무거운 짐을 운반할 수 있다. 헤겔의 철학적 업적은 칸트에 비교될 수 있을 정도로 위대한 것이었다.

튀빙겐대학교의 삼총사, 셸링·헤겔·휠더린

이상한 것은 데카르트(R. Descartes)에서 칸트까지 대부분의 철학자가 애정 또는 결혼문제나 경제문제에 큰 관심을 두지 않고 살았다는 점이다. 그러나 그들의 뒤를 잇는 철학자들은 상당히 세속적인 문제에 관심이 많았던 것 같다. 사람들은 셸링과 헤겔, 그리고 헤겔의 친구였던 철학적 시인 프리드리히 휠더린(F. Hölderlin)을 튀빙겐대학교의 삼총사라고 얘기한다. 이들은 대학에서 같이 공부했다.

그런데 세 사람 모두 여성문제로 고난을 겪었다. 셸링은 친구의 부인을 아내로 삼았고, 헤겔은 정식으로 결혼하기 전에 남편을 여읜

하숙집 부인과의 사이에서 아들을 얻었다. 횔더린은 가정교사 시절 제자의 어머니를 사랑했다. 그래서 그 집을 떠난 뒤 걷잡을 수 없는 충격으로 정신적 질환까지 앓는 비참한 말년을 보내야 했다. 헤겔도 그 아들의 양육 문제로 오랫동안 고민해야 했다.

반면 피히테는 자신보다 훨씬 연상인 여인과 결혼했으나 행복한 가정을 꾸려 나갔다. 그의 결혼생활에는 종교적 분위기가 작용했을 것으로 짐작된다. 유일하게 피히테의 아들만이 종교철학 분야에서 이름을 남기는 철학도가 되었다. 키르케고르는 아버지 피히테에 관해서는 언급하지 않았지만, 아들 피히테에 관해서는 공감적인 견해를 나타내곤 했다.

그러나 독일관념론의 대표적인 인물은 역시 칸트와 헤겔로 통한다. 칸트는 독일관념론을 시작한 학자이고 헤겔은 그것을 끝낸 학자라고 보는 것이 맞을 것 같다.

헤겔의 철학은 누구의 학설보다 난해하다고 정평이 나 있다. 그것이 그의 특징이기도 하다. 하이델베르크대학교에서 헤겔을 초청하기 위해 그의 강의에 한 사람을 대표로 보내 청강한 적이 있다. 그의 보고에 따르면, 대단히 어려운 내용의 강의여서 이해하기는 곤란하나 위대함을 풍기는 철학자임에는 틀림이 없다고 했다.

어느 날 헤겔의 강의가 끝난 뒤 제자들이 모여 도대체 우리 교수님의 철학이 어떤 것인가를 놓고 논란이 일었다. 그래서 헤겔의 애제자 레오폴트 헤닝(L. Henning)을 시켜 헤겔에게 '교수님의 철학은 이러저러한 것이 아니냐'며 질문을 했더니, 헤겔이 "나의 철학은 그런 것이 아니네"라고 대답하면서 "내 철학을 아는 사람은 나밖에 없는가"라고 가벼운 회의에 빠졌다고 전해진다.

칸트를 읽는 사람은 차례대로 읽어 나가면 이해하기 어려운 점은 있어도 이해가 안 되는 부분은 별로 없다. 그러나 헤겔은 전체를 알아야 부분을 알 수 있고 부분을 모르고는 전체를 이해할 수 없다는 것이 독자들의 고충이다. 일본 학자들이 헤겔 연구에 빠졌지만 결국은 헤겔을 충분히 이해하지 못하고 철학 공부를 끝내는 이유가 여기에 있었다.

나는 헤겔을 공부할 때『정신현상학』을 읽은 후에『역사철학』을 읽었다. 오히려 역사철학이 헤겔 이해의 열쇠가 되었던 것 같다. 역사라는 주어진 재료를 갖고 변증법을 풀어 나갔기 때문에『논리학』보다 쉽게 이해할 수 있었다. 헤겔이 베를린대학교에 있을 때는 정치적인 비판도 받았다. 소위 어용 교수라는 달갑지 않은 낙인이 찍히기도 했다. 그때 베를린대학교에는 당대 대표적인 종교철학자이자 신학자인 프리드리히 슐라이어마허(F. Schleiermacher)가 있었는데, 그가 헤겔에게 공개적으로 어용 교수라고 공박했을 정도이다. 당시 프러시아의 정권을 대변하고 옹호하는 철학자라는 비판을 받았던 것이다.

헤겔은 1831년 가을 학기가 시작된 얼마 후에 콜레라로 세상을 떠났다. 그해 베를린에는 심한 콜레라가 유행했고 많은 교수가 콜레라를 피해 다른 지방에서 여름을 보낸 뒤 베를린으로 돌아왔다. 콜레라 유행이 거의 끝나갈 무렵, 헤겔이 불행하게도 마지막 희생자가 된 셈이다.

헤겔의 영향이 너무 컸기 때문에 헤겔을 잃은 베를린대학교는 그의 자리를 보충하기 위해 헤겔보다 나이는 어리나 철학적 선배였던 셸링을 초빙했다. 그러나 관념론 철학은 이미 석양을 맞고 있었기에 셸링은 헤겔의 인기와 영향을 만회하지도 못했고 발전적인 철학을 개척하지도 못했다.

셸링이 베를린대학교에서 강의하고 있을 때, 레기네 올센과의 사랑에 실패한 키르케고르가 잠시 청강한 적이 있었다. 그러나 처음에는 셸링의 강의에 호감을 느꼈지만, 곧 실망하고 코펜하겐으로 돌아가 버렸다. 독일관념론은 이미 헤겔과 더불어 끝나 가고 있었던 것이다.

두 차례의 헤겔 르네상스를 겪으며

나는 헤겔과 더불어 역사적인 독서는 일단 끝내기로 했다. 이제부터는 어느 누구를 읽어도 역사적으로 이해할 수 있을 것 같았다. 헤겔 다음에 남은 문제는 부분적인 선택이었다. 칸트와 헤겔의 영향은 영국에서도 엄청났기 때문에 영국의 철학을 뒤이어 읽어도 무방할 듯했다.

물론 헤겔의 철학적 영향과 더불어 사회사상적 영향은 대단한 것이었다. 사람들은 두 차례의 헤겔 르네상스를 이야기한다. 하나는 1931년 베를린대학교에서 헤겔 서거 100주기를 기념하기 위해 세계적인 헤겔 철학 기념대회를 열었던 일이다. 그때 리처드 크로너(R. Kroner)가 크게 활약했다. 그의 『칸트에서 헤겔까지』는 지금도 관심을 모으는 대작으로 남아 있다.

그 후 제2의 헤겔 르네상스는 마르크스의 사상이 세계적인 영향력을 발휘하면서 찾아왔다. 마르크스를 이해하기 위한 헤겔 운동이 활발히 전개된 것이다. 정치가들은 마르크스를 독립시켜 연구해도 괜찮았지만, 학자들 특히 철학자들은 마르크스를 알기 위해 헤겔로 거슬러 올라가는 탐구를 포기할 수 없었던 것이다.

우리나라에도 이러한 분야의 책들이 많이 소개되어 있다. 그중 하나가 헤르베르트 마르쿠제(H. Marcuse)의 『이성과 혁명』이다. 한때 세계적으로 많은 독자를 가졌던 『자유로부터의 도피』를 쓴 에리히 프롬(E. Fromm)도 마르크스와 지그문트 프로이트(S. Freud)를 함께 연구했던 사상가이다. 프롬은 "우리 시대에 가장 큰 영향력을 발휘한 두 사상가가 있는데, 사회문제에 있어서는 마르크스이고, 인간 연구에 있어서는 프로이트이다"라고 말했다. 그리고 그 두 철학자의 정신적 흐름을 이어받은 것이 자신의 철학이라고 고백했다.

한때 우리는 어디서나 '모순과 혁명'이라는 말을 들었고 유물사관의 원리를 접해 왔다. 아마 그 사상적 보편성에 있어서는 일본이 최고였을지 모른다. 오랫동안 일본은 천황을 우상화하고 군벌과 재벌이 실권을 장악하고 있었다. 그러다가 제2차 세계대전으로 그 둑이 무너지면서 힘으로 금지시켜 왔던 마르크스 사상이 홍수와 같이 밀려들었던 것이다. 해방 직후의 일본 서점가는 에로 문학과 마르크스주의 저서들로 가득 차 있었다고 한다. 아마 일본만큼 유행과 모방이 빠른 사회는 없을 것이다.

그런 분위기는 한국에도 영향을 끼쳤다. 정치적 억압에도 불구하고 혁명성 짙은 마르크스의 정신은 국내 지식인과 학생들 사이에 상당히 깊이 침투해 있었다.

내가 대학에서 헤겔 철학을 강의하고 있을 때 한 1학년 여학생이 마르크스를 알려면 헤겔을 알아야 한다는 선배들의 권고로 헤겔 강의를 듣기로 했다는 말을 한 적이 있다. 물론 그 선배나 여학생이 헤겔을 이해한다는 것은 중학생이 아인슈타인의 '상대성 원리'를 이해하는 것만큼이나 불가능에 가까웠을 것이다. 그러나 앞으로 제3의 헤겔 르네상스는 없을 것 같다. 또 그 필요성을 느끼지도 않는다.

한편으로는 나 자신이 헤겔과 헤겔철학을 비판하며 등장한 루트비히 포이어바흐(L. Feuerbach)를 읽었다는 것이 사상적·정신적으로 큰 자산이 되었다. 그것은 예방주사를 맞아 두면 유행성 열병을 피할 수 있는 것과 비슷한 현상일지 모른다. 헤겔이나 포이어바흐를 모르면서 마르크스만 떠드는 사람들의 단점을 이해할 수 있었고, 마르크스가 처해 있던 시대의 절대주의적 사고방식이 얼마나 독선적이며 얼마나 위험한 관념적 신기루였는지를 잘 알 수 있었기 때문이다.

영국과 미국에서 마르크스주의가 크게 영향력을 발휘하지 못한 이유는 그들의 경험주의적 사고방식과 귀납적인 논리가 더 크게 작용했기 때문이다. 마르크스주의는 역시 합리적 관념론을 따르는 유럽 대륙에서 싹트게 되어 있었다.

사회문제를 해결하는 두 가지 길

나는 지금도 정치적 민주주의는 독일이나 프랑스보다 영국과 미국의 경험주의를 선호한다. 정치는 건전한 상식이어야 하므로 지나치게 극단적인 사상이 사회를 지배하면 절대 다수의 국민에게는 폐해가 가기 때문이다. 사실 나는 해방 전까지는 대륙적인 합리주의 철학을 선호해 왔다. 지금도 그런 경향이 남아 있을지 모른다. 그러나 정치와 경제 같은 사회적 성장을 위해서는 귀납적이며 경험주의적인 방향이 유리하다고 믿는다.

지금도 사회문제를 해결하는 데는 두 가지 길이 있다고 말한다. 마르크스주의자들은 '모순과 혁명' 이론을 따른다. 그러나 영·미 계통의 민주주의는 갈등을 넘어 그것의 해결을 택한다. 어느 사회에나 갈등은 있다. 그 갈등을 잘 개선해서 극복하는 과정을 통해 사회가 발전한다.

그러나 적절한 개선이 이루어지지 못하면 한 단계 높은 개혁을 택해야 한다. 또 그 개혁이 제대로 이루어지지 않으면 역사는 자연히 혁명의 과정을 밟는다. 그러나 개선과 개혁을 잘 이루어 낸 사회는 혁명 없이도 사회적 갈등을 잘 극복할 수 있고 그러면 민주주의가 성장할 수 있다.

정치도 마찬가지이다. 지나치게 보수적인 사람들은 개선을 원하지 않는다. 그래서 사회 성장과 발전을 가로막는다. 그러나 미국 민주당의 노선을 보면 계속해서 개선과 개혁을 주도해 가고 있다. 따라서 혁명은 별로 생각지 않는다. 영·미의 정치철학이 그렇다.

그러나 마르크스주의자들은 눈에 보이는 갈등이나 부조리를 모순의 원리로만 끌어들인다. 그래서 곧 혁명의 절차를 호소한다. 지금도 일부 재야세력들이 그런 노선을 비판 없이 따르고 있다. 그 결과 선배나 남들이 하는 것은 모두가 잘못됐고 자신들이 하는 것만이 옳다는, 또 하나의 '흑백논리'에 사로잡히게 된다. 이것이 내가 헤겔을 읽는 동안에 느낀 문제점이었다.

나는 헤겔을 읽은 뒤 역사철학자들의 독서는 끝내고 싶었다. 이제는 역사의 흐름이 세분화되고, 새롭게 등장하는 수많은 철학자 중에서 한두 사람을 택하는 것은 무의미해졌기 때문이다. 역사철학은 개설적인 이해보다 좀 더 심화된 전공 부문에 속한다고 보아야 했다.

그러다 아주 우연한 기회에 쇼펜하우어의 철학을 접하게 되었고 자연히 그 뒤를 따르는 니체의 저서로 발걸음을 옮기게 되었다. 그 발걸음을 후회하지는 않는다. 오히려 어떤 면에서는 큰 도움이 되기도 했다. 현대 철학의 길을 연 이 두 철학자가 모두 반종교적이며 무신론적인 사상가였다는 점에서도 나에게는 적지 않은 자극을 주었다.

'삶의 철학'의 원천,
쇼펜하우어

오래전의 일이다. 한 중·고등학교 동창이 어렵지 않고 재미있게 읽을 수 있는 철학책을 소개해 달라는 부탁을 해왔다.

나는 그 친구에게 쇼펜하우어의 『의지와 표상(表象)으로서의 세계』를 권했다. 읽어 가는 동안 이해하기 어려운 부분도 있겠지만 공감이 가는 부분이 더 많을 것이라고 설명해 주었다.

몇 달 뒤, 그는 내가 추천해 준 책을 다 읽었고 얻은 바가 참으로 많았다고 했다. 다른 철학책들도 더 읽고 싶으냐고 물었더니, 앞으로 신학을 공부할 작정인데 철학은 쇼펜하우어에서 그치겠다면서 쇼펜하우어의 철학이 철학의 전부는 아니겠지만, 자신은 전적으로 그의 사상에 공감하며 신학을 통해서 그 과제들을 재정리해 보고 싶다는 의사를 밝혔다.

옛날부터 '천재와 천치는 종이 한 장 차이'라는 말이 있다. 확실히 쇼펜하우어는 천재성을 지닌 철학자였다. 괴테가 쇼펜하우어의 어머니를 만나, 당신은 천재 아들을 두었기 때문에 역사에 이름이 남을 것이라고 말했을 정도이다. 그러나 뜻밖에도 괴테의 예언이 쇼펜하우어 모자에게는 불행의 원인이 되었다. 쇼펜하우어의 어머니는 자신이 천재 작가이며 한 집안에 두 천재가 나올 수는 없다고 생각하고 있었기 때문이다.

칸트의 인식론 본받았지만 독자적 철학체계 정립

쇼펜하우어의 가문에는 정신장애인이 몇 명 있었고, 쇼펜하우어의 부친도 정신착란증으로 급사한 것으로 알려져 있다. 쇼펜하우어 부모는 20년 정도의 나이 차가 있었는데 둘은 모든 점에서 대조적이었다. 아버지는 거대한 체구에 말이 없는 권위적인 사람이었고, 어머니는 왜소하고 섬세한 감정을 지닌 사교성이 풍부한 여성이었다. 아마 쇼펜하우어 가문의 막대한 재력이 명문가 딸과의 결혼을 성사시켰던 것 같다.

쇼펜하우어가 18세 때 아버지가 작고하고 잠시 동안 어머니와 동거했으나, 결국은 성격의 차이라기보다 어머니의 병적인 질투심과 경계심 때문에 별거하기에 이른다. 아버지는 아들을 세계적인 무역상으로 만들고 싶어 이름까지도 '아르투르(Arthur)'라고 지어 주었다. 그 이름은 당시 세계 상권을 좌우하던 영국의 '아서'라는 이름에서 따온 것이다.

아버지가 죽은 뒤, 쇼펜하우어는 어려서부터 꿈꿔 왔던 학문의 길을 택했고, 어머니는 평소의 소원이었던 여류작가로서의 길을 평탄하게 이어 나갔다. 괴테와의 만남도 같은 문학인이라는 지위에서 이루어진 것이었다. 그런데 이상하게도 작가로서의 어머니와 철학자로서의 아들 사이의 라이벌 의식은 심지어 적대 감정으로까지 번져 모자가 결별하게 된 원인이 되었다.

사람들은 쇼펜하우어가 결혼을 하지 않은 것과 저서 속에서 여성에 대해 원색적인 비난을 서슴지 않은 원인이 어머니에 대한 증오심과 적대감 때문이라고 지적한다. 물론 쇼펜하우어의 병적인 성격이 작용했음은 더 말할 필요가 없다.

학자가 되어 교수로서 출세하는 것을 목표로 삼았던 쇼펜하우어는 베를린대학교에서 피히테의 강의를 듣기도 했다. 그러나 피히테의 강의에 실망한 그는 자신이 직접 칸트의 『순수이성비판』을 연구하기 시작했다. 거기서 쇼펜하우어는 피히테나 셸링은 물론 헤겔까지도 칸트를 제대로 이해하지 못했다고 보았다.

물론 칸트가 쇼펜하우어를 보았다면 자신의 후계자는 못된다고 말했을 것이다. 그러나 칸트를 칸트대로 이해하고 받아들였다는 점은 인정받을 만하다. 그는 자신의 철학 전체를 칸트로부터 계승·발전시킨 것이 아니라, 인식의 근본 원리만은 칸트적인 것으로 받아들여도 좋다고 시인했기 때문이다. 다른 사람들은 칸트를 흡수해 칸트를 퇴색시켰으나, 쇼펜하우어는 인식론 분야에서 이룩한 칸트의 업적을 긍정적으로 받아들였던 것이다.

그가 『의지와 표상으로서의 세계』 첫머리에서 "세계는 나의 표상이다"라는 명제를 제시하면서 이렇게 위대하고 혁명적인 철학적 선언은 없다고 스스로 자찬했을 정도이다. 거기에는 쇼펜하우어가 철학에서 주관적 관념론을 선포했다는 뜻이 포함되어 있으며, 그것은 그가 항상 애용하는 '위대한 칸트'로부터 물려받은 것이다. 그렇다고 그가 칸트를 비판 없이 받아들인 것은 아니다. 어떤 점에서는 칸트보다 더 인정받은 면들이 적지 않다. 그의 박사학위 논문인 「충족 이유율의 네 가지 근거에 관하여」는 지금도 높은 평가를 받고 있다.

칸트에게서 철학적 인식론을 받아들여 자신의 철학체계의 일부로 삼은 쇼펜하우어는 플라톤을 연구했다. 그는 플라톤을 높이 평가해 '신과 같은 계시의 철학자'라고 불렀다. 그는 플라톤의 이데아를 존재의 원형으로 해석하면서 그 본질을 자신의 예술철학의 본질로 수용했다.

생명에의 의지와 성적 욕망을 철학적으로 분석

지금도 사람들은 쇼펜하우어의 예술철학에 대해 높은 평가를 아끼지 않는다. 다른 철학자들이 칸트의 예술철학을 비판 없이 받아들인 데 비해, 쇼펜하우어는 예술의 이념적 원형을 깊이 있게 설명하면서 예술의 창조자는 천재라고 높이 평가했다. 그에 따르면, 철학적 인식은 합리적인 사고와 논리적 추리에 속하나 예술은 천재적 창조성에 속한다. 천재는 존재하는 사물의 본질을 이념으로 파악할 수 있는 천분의 능력을 갖추고 있기 때문이다.

피카소의 〈게르니카〉를 예로 든다면 이런 설명이 가능할지 모르겠다. 그 그림은 폭력에 의한 역사의 비극적 파괴를 보여주는 작품이다. 이것은 예술적 천재가 창작한 하나의 작품이지만, 인류 역사에 남겨진 독재적 폭력과 비극적 파괴의 이념적 모습을 영구히 보여주는 결과를 낳았다.

이와 같이 모든 예술품은 존재하는 사물의 이념적 원형인 이데아를 영구히 남기는 성스러운 과업을 성취한다. 위대한 조각품은 그 작가의 이념을 영구한 것으로 보여주며, 예술적 평가를 통해 가치를 인정받는다.

그러나 쇼펜하우어는 '예술 중의 예술은 음악'이라고 보았다. 그는 심지어 음악은 '우주의 멜로디'라고까지 평했으며, 음악은 동물과 태아에게까지도 영향을 미친다고 주장했다. 그가 높이 평가한 음악은 이탈리아의 작곡가 조아키노 로시니(G. Rossini)의 것이었다.

이 과정을 거친 쇼펜하우어는 비로소 자기 자신의 존재론에 해당하는 형이상학적 과제에 도전한다. 그것이 다름 아닌 '의지(意志)의 철학'이다. 그 당시의 철학자들은 철학의 주제를 존재론으로서의 형이상학적 과제로 삼았고 존재 세계를 일원론적인 위상에서 해명하는 것이 통례였다.

피히테는 (절대)자아의 위치에서 지식학을 풀어 나갔고, 셸링은 주관과 객관적인 존재를 동일자로 묶어 동일성의 철학을 전개시켰다. 헤겔은 그 핵심을 정신 및 절대정신으로 끌어들였다. 시기적으로 뒤에 등장한 마르크스는 물질을 존재 세계의 근원으로 보아 유물사관을 정착시켰다.

당시의 철학자들 대부분이 그러했듯이 쇼펜하우어는 존재하는 세계를 '의지'라고 보았다. 물질과 자연 세계를 지배하는 역학적 운동도 생명력을 배제한 의지적 성격을 가진 것으로 보았고, 생명 세계를 좌우하는 것은 '생명에의 의지'라고 믿었다. 삶을 지속하며 확장하려는 의지가 생명 세계의 온갖 현상과 내용을 만든다고 보았다.

그는 이 생명에의 의지에서 핵심을 이루는 것이 번식 의지, 즉 성적 욕망이라고 여겼다. 쇼펜하우어를 읽은 사람들은 프로이트의 잠재의식과 성적 충동을 아주 쉽게 이해할 수 있다. 쇼펜하우어만큼 성적 본능을 철학적으로 강렬히 긍정한 사람도 드물다. 그는 인간에게 가장 극단적인 대립을 만드는 것은 대뇌와 생식기라고 말한다. 대뇌는 사고력에 의해 인간 및 성적 본능을 끝까지 약화시키려 하며, 성기(性器)는 일말의 사고와 반성도 없이 성적 충동에 붙잡혀 있다. 그는 남성에 비해 여성이 훨씬 더 높은 성적 충동의 노예라고 평한다.

그는 꽃은 식물의 자기 번식을 위한 생식기에 해당하며, 꽃가루가 바람을 타고 결실을 맺기 위해 한없이 먼 거리를 날아다니는 모습은 생명욕을 채우려는 한 현상이라고 보았다.

그러면 이러한 의지는 무엇인가. 그것은 맹목적인 충동과 운동일

뿐이다. 어떻게 해서든지 자신의 생명욕을 충족시키며 종족을 번식시키면 되는 것이다. 그래서 약육강식은 당연한 존재의 법칙이며, 서로가 서로를 해치고 잡아먹기 때문에 생명 세계는 끝없는 비참함과 비극의 역사를 이어간다. 오직 인간만이 대뇌라는 특수 기능을 갖고 있기 때문에 그러한 의지를 반성하며, 때로는 지적 사고력을 갖고 의지적 욕구를 억제하려고 하나 결국은 실패를 되풀이할 뿐이다.

의지는 생명의 근원이면서 지적 사고를 조종하고 이용하는 원초적인 능력일 뿐이라고 본다. 합리적인 사고와 논리적 추리는 의지적인 욕망과 정열적인 본능에 비하면 지엽적이며 무기력한 도구 역할을 담당할 뿐이다.

해탈 사상과 의지의 철학 제시

사람들은 라이프니츠를 대표적인 낙천주의로, 쇼펜하우어를 세계 최대의 염세주의자로 부른다. 라이프니츠는 '이 세계는 존재할 수 있는 최선의 세계'라고 본다. 신의 질서와 조화가 이루어진 완성된 세계로 보는 것이다. 그러나 쇼펜하우어는 '이 세계는 존재할 수 있는 최악의 세계'라고 단정한다. 이 세계보다 악한 세계는 있을 수 없다는 것이다. 마치 정글 속에서 서로를 해치며 잡아먹는 생존을 위한 전쟁터 같은 곳이 인간 세계라고 보았다.

대학에 있을 때 생물학과 박물학을 연구했던 쇼펜하우어는 우리가 모르는 생명 세계의 신비와 생명체들 간의 경쟁이라는 베일을 벗기면서 그의 논리를 자세히 설명했다.

그러면 최악의 세계를 해결하는 길은 무엇인가. 쇼펜하우어는 그것을 동양의 사상, 특히 인도의 『베다』에서 찾는다. 그가 서양 철학자 중에는 최초로 〈성스러운 베다〉의 교훈을 자주 인용한 동양 철학 연구자로 인정받은 것은 우연이 아니다. 동양 철학을 문헌학적인 측면이 아닌 사상과 철학의 체계로서 처음 받아들인 철학자가 쇼펜하우어이다.

물론 베다 정신은 해탈의 사상이다. 번뇌와 무상의 세계를 극복함으로써 세계 및 삶의 고뇌와 올무에서 벗어나는 것이 곧 해탈, 서구적인 표현을 빌리면 '구원의 가능성'이 되는 것이다.

이렇게 본다면 쇼펜하우어의 의지의 철학과 해탈의 사상은 다분히 그 자신의 독창적인 것으로 보아야 할 것이다. 이렇게 단순하게 그의 철학을 소개하면 그의 사상 속에 담겨 있는 학구적인 면의 빈곤성을 지적하는 사람도 있을 것이다. 그러나 그를 아끼고 추종하는 사람들은 그의 저서와 사상을 극찬한다. 또 철학은 그런 것이어야 한다고 강하게 호소하기도 한다.

독일의 철학적 전통에 따르면 강단에서 강의를 한 교수의 철학이어야만 적자(嫡子)로 받아들인다. 쇼펜하우어는 교수로서는 실패했기 때문에 철학계에서는 서자(庶子) 취급을 받는다. 그러나 지금까지도 그가 독자들의 애호를 받는 것은 그의 특이한 개성과 삶의 관찰자로서의 뛰어난 철학사상 때문이다. 우리가 흔히 말하듯 "삶의 철학의 원천은 쇼펜하우어로부터"라고 보는 것이 타당할 것이다.

말년의 그는 심한 병적 성격 때문에 모순에 찬 생애를 보냈다. 세속적인 것을 벗어 버려야 한다고 가르치면서도 명예욕에 사로잡혔는가 하면, 자신의 철학이론을 정당화하려는 뜻에서 개를 기르며 독신으로 살았다. 애견의 이름을 '아트만'이라고 지어 인도 정신을 기리기도 했다.

아마 독일 철학자들의 입장에서 헤겔이나 칸트를 언급하는 것은 자랑스러워해도 쇼펜하우어를 소개하는 것은 별로 달갑게 여기지 않았을 것이다. 그러나 실제로는 쇼펜하우어를 읽지 않은 사람은 드물었다. 어떻게 보면 그런 예외적인 철학자가 존재했다는 것이 오히려 독일 철학계의 다양성을 증명하는 것이 될지도 모를 테니까.

말년에 자신에 관한 평가와 연구 논문들이 세계적으로 널리 읽히고 있음을 안 쇼펜하우어는 흐뭇한 만족감을 느끼면서 여생을 즐겼다고 한다. 그를 읽는 사람은 상당히 폭넓은 철학적 삶의 체험과 교훈을 얻을 수 있으며 읽다 보면 흥미진진함마저 느낄 수 있을 것이다.

평범에 안주하지 못하는
천재 철학자들

≡

월 듀란트(W. Durant)의 『철학 이야기』라는 책이 있다. 서양 철학의
역사를 그만큼 재미있게 엮어낸 사람도 별로 없을 것이다. 그런 이유
로 그 책은 지금도 많은 독자의 관심을 모으고 있다. 그 책에는 철학
자들은 물론 그 주변 사상가들의 개인적인 이야기가 흥미롭게 전개
되어 있어 누구나 철학은 한 번쯤 해보고 싶은 학문이라는 생각을 들
게 한다.

이미 소개한 바 있으나 쇼펜하우어의 뒤를 이은 니체나, 헤겔의
변증법을 질적으로 발전시킨 키르케고르의 사생활은 우리의 관심을
끌 만하다. 역사상 가장 개성이 강하며 자신의 철학 사상을 인간적인
면에서 성취한 인물을 꼽는다면 니체와 키르케고르 두 사람 이상은
없을 것이다. 그래서 역사가들은 그들을 예외자, 소외자, 반역자, 니
체의 말대로 '망치 들고 철학을 한 사람들'이라고 평하고 있다. 가장

열렬한 파괴자였기에 새 철학을 건설했으며, 그 시대에는 버림받고 적대시되었기에 새 역사를 창조해 낼 수 있었던 것이다. 두 사람 다 정신이상 증상으로 세상을 떠났다. 키르케고르 자신도 두 번째 졸도로 길에 쓰러졌을 때 "내 병은 심리적인 것이며 의사들은 그것을 모른다"고 말했다. "이번 사태로 죽음에의 길에 연결될 것"이라고 예언했을 정도였다.

니체는 10여 년을 회복할 수 없는 정신장애를 앓다가 세상을 떠났다. 사람들은 이 두 사람 모두 오래 살기에는 지나치게 지력과 정열을 소모했다며, 그들만큼 모든 것을 쏟아부어 창조적 활동을 한 사람은 없을 것이라고 말한다. 그들의 강렬한 정신력이 신체적인 건강을 해치고 말았던 것이다.

에머슨·스펜서·칼라일의 우정과 사상적 교류

그러나 이와는 성격이 다른 사상가들도 있었다.

지금도 하버드대학교에 가면 그리 크지 않은 규모의 에머슨 홀이 있다. 그 안에는 건축물에 비해 지나치게 커 보이는 에머슨의 동상이 있다. 하버드대학교에서는 대표적인 철학과 건물이다.

랠프 에머슨(R. W. Emerson)은 미국 초창기 철학자 중에 가장 광범위하게 존경을 받은 인물이었다. 물론 지금은 그의 저서나 사상을 그대로 추종하는 사람은 많지 않다. 하지만 그는 계몽주의적 미국 철학이 성립하는 데 큰 역할을 담당한 인물임에는 틀림없다.

당시 그는 자주 영국을 방문했다. 미국 초창기 지도자들은 영국을 통해 선진사상을 배워 왔다. 영국 철학은 미국 철학의 본점이라고 해도 과언이 아닌 위상이었다.

그는 영국에 가면 당대 높은 평가를 받고 있던 비평가이자 사상가인 토머스 칼라일(T. Carlyle)을 찾아가는 것이 관례처럼 되어 있었다. 두 사람 사이에는 *끈끈한* 친분과 우정이 있었다. 『영웅 및 영웅숭배론』은 우리 사회에서도 널리 알려진 칼라일의 저서이다. 에머슨은 칼라일을 통해 당시 영국 사회를 대표하는 좋은 학자들을 소개받곤 했다.

그때 소개받은 한 사람이 허버트 스펜서(H. Spencer)였다. 그는 찰스 다윈의 진화론을 사회학적으로 전개해 영국과 유럽에 적지 않은 사회철학적 자극을 준 예리한 사상가였다. 스펜서는 두뇌가 우수했기 때문에 어떤 책도 3분의 1 이상을 읽지 않았다고 한다. 서문과 책의 앞부분만 읽고도 그 내용을 간파할 수 있어야 한다며 책을 처음부터 끝까지 다 읽을 필요는 없다는 식이었다. 그만큼 창의력이 대단한 사상가였다는 의미이기도 하다. 듀란트는 "그(스펜서)가 만일 칸트의 『순수이성비판』을 읽었다면 철학자다운 철학자가 되었을 것"이라고 평하기도 했다.

스펜서는 그렇게 탁월한 두뇌와 우수한 창조력을 지니고 있으면서도 종합적 체계를 갖춘 저서를 내는 일에는 관심이 없었다. 어떻게 보면 책은 써서 무엇하느냐는 식의 자학적인 생각에 빠져 있었던 듯하다.

인간적으로 훨씬 유능하고 통찰력이 강했던 에머슨은 스펜서에게 "당신이 만일 저서를 남긴다면 우리 미국에서만도 상당한 부수가 팔릴 것"이라고 부추겼다. 그 달콤한 유혹에 넘어간 스펜서는 저술가로서의 지위와 경제적 수입을 생각하며 예상보다 짧은 기간 내에 『제일원리』라는 방대한 저작을 남겼다.

모름지기 프랑스의 실증주의 철학자 오귀스트 콩트(A. Comte)의 업적에 해당하는 사회학의 명저라고 해도 좋을 책이었다. 경험주의와 심리학의 전통을 따르며 찰스 다윈의 『종의 기원』을 배경으로 한 사회이론으로서는 괄목할 만한 업적이었다. 지금도 새로운 사회적 변천을 문제 삼는 많은 사람으로부터 존경을 받는 책이다. 스펜서의 입장에서는 뜻밖의 결실을 맺은 셈이다.

서로 다른 인물과 사상이 잘 어울려 공존했던 영국

영국은 양극적인 것이 잘 조화를 이루는 사회인 것 같다. 오래전, 선배이자 서양사학자인 조의설 교수가 영국을 다녀와서 했던 이야기가 생각난다. 아마 1950년대 말쯤이었을 것이다. 런던은 실크 모자를 쓰고 지팡이를 짚은 신사가 등장하는 도시로 알려져 있지만, 한편으로는 세계에서 제일 짧은 미니스커트를 입은 아가씨들이 활보하고 다니더라는 것이다. 미국의 남녀들은 벤치에 앉아 키스를 해서 관광객을 놀라게 하는데 영국의 젊은이들은 벤치 밑에서 뒹굴고 있어서 더 놀랐다는 얘기로 우리 후배 교수들의 웃음을 자아냈던 기억이 떠오른다.

영국에서는 거의 같은 시기에 칼라일이 활동하고 있었는가 하면, 공리주의 철학자 존 스튜어트 밀이 자신의 철학을 전개하고 있었다. 영웅주의를 주장하는 칼라일과 '최대 다수의 최대 행복'을 내세우는 밀은 참으로 대조적이다. 그러나 영국에서는 둘 다 조화롭게 잘 어울려 받아들여지고 있었다. 칼라일은 대단히 신경질적인 성격이어서 경건주의를 신봉하는 가정이었음에도 가정이 행복하지 못했던 것 같다. 그러나 밀은 그의 『자서전』에 의하면 늦게 헤일러 부인과 결혼해서 대단히 행복한 가정을 꾸려 나갔던 것 같다.

영국의 시인 겸 평론가인 새뮤얼 존슨(S. Johnson) 박사도 시기적으로 조금 앞섰으나 학계에서는 함께 논의의 대상이 되곤 했다. 영국에서 가장 풍부한 어휘를 구사한 작가는 셰익스피어이고, 가장 많은 어휘의 『영어사전』을 완성한 주인공은 새뮤얼 존슨이었다.

몸이 너무 비대했던 존슨은 젊은 시절 학교에 다닐 때는 발에 맞는 신발이 없어 뒤쪽이 터진 구두를 슬리퍼처럼 끌고 다녔다는 이야기가 있다. 유명한 학자가 된 뒤에도 길을 가다가 전신주 같은 것을 안고 한 바퀴 돌아 보기도 하고 가로수에 몸을 기대고 쉬면서 사색을 즐기기도 했다고 한다.

존슨도 결혼이 늦었다. 어떤 친구로부터 좋은 아가씨를 소개받기로 하고 그 여자의 집을 방문했던 존슨은 별로 마음이 내키지 않았던 모양이다. 친구가 어떠했느냐고 물었더니 그 아가씨는 별로였지만 그녀의 어머니 같은 여성이라면 결혼하겠다고 말했다. 결국 존슨은 그녀의 모친과 결혼했는데, 나름 행복한 가정을 이뤘다고 한다.

한마디로, 서로 다른 인물과 기질이 잘 어울려 공존할 수 있는 사회가 영국이었다. 영국이 세계적인 사상가를 배출하고 한쪽으로 치우치지 않은 철학적 전통을 이어 온 것도 그런 다양성에서 기인한 것일지 모른다.

1961년에 미국에서 들은 이야기다. 미국 대학에 초빙되어 와 있던 한 영국 교수에게 학생들이 영국의 대학을 소개해 달라고 청했다. 다음날 그 교수는 슬라이드 몇 장을 가지고 와 영국의 대학을 보여주었다. 성당, 도서관, 기숙사가 전부였다. 드넓은 미국 대학의 규모에 비하면 10분의 1이나 20분의 1도 안 되어 보였다. 미국 학생들은 그것이 전부냐며 웃음을 터뜨렸다. 영국 교수는 그렇다고 대답하면서, 그 대학이 배출한 학자, 사상가, 시인, 과학자, 철학자들을 쭉 열거했다. 미국에서는 들어볼 수도 없는 세계적인 학자들의 이름을 듣고 미국 학생들이 조용히 머리를 숙였다는 흥미로운 이야기였다.

실증과학의 창시자 콩트

이런 내용을 소개하다 보면 우리는 '근대 사회과학의 아버지'라고 불리는 프랑스의 오귀스트 콩트의 생애가 떠오른다. 그는 역사상 보기 드문 천재였던 것 같다. 10대 후반에 파리 공과대학교에 입학했으나 법적 연령이 미달된다고 해서 입학이 보류되었을 정도였다. 기다렸다가 대학 생활을 시작했지만 교수들의 강의와 지적 수준이 마음에 차지 않아 중퇴한 것으로 전해지고 있다. 일부에서는 교수들보다 우수한 학생이어서 교수들의 사랑을 받을 수 없었을 것이라고 추측하기도 한다.

학교를 중퇴한 콩트는 우리 식으로 말하면 대학입시를 위한 학원 강사 비슷한 일로 생계를 유지했다. 그는 한 여성을 알게 되어 사랑하는 사이가 되고 결혼까지 했으나, 심한 빈곤을 견디지 못한 여자는 콩트가 잘 아는 변호사와도 동거를 하면서 생활비를 충당하면 어떠냐는 제안을 해왔다. 격분한 콩트는 그 여인과 헤어지고 강물에 투신해 자살을 시도했으나 지나가던 군인에 의해 목숨을 건졌다.

마음을 추스른 콩트는 자신의 사상과 학문을 정리하기 시작해 결국 역사적인 저서 『실증주의』 상·하권을 끝내기에 이른다. 이상한 것은 그 책과 사상이 콩트의 조국인 프랑스에서는 관심을 받지 못하고 오히려 영국 학계에서 주목을 받았다는 점이다. 영국의 존 스튜어트 밀 등이 그 탁월성을 인정해 콩트는 국제적인 사회학자로 공인을 받기에 이른다. 밀은 계속 콩트를 물질적으로 후원했으며 콩트는 그런 우의(友誼) 덕분에 극심한 가난에서 벗어날 수 있었다.

사실 콩트의 동상이 건립되고 세계적인 사회학의 개척자로 인정받게 된 것은 영국을 통해서였다고 할 수 있다.

말년의 콩트는 상당한 자만심에 빠지기도 했는데, 그 점은 쇼펜하우어와 비슷한 면이 없지 않다. 국제적으로 피어 오르는 자기 학설에 대한 지지를 즐기던 콩트는 독실한 가톨릭 신자였던 클로틸드 드보라는 제2의 여성을 만나게 된다. 콩트는 언제나 그녀를 천사처럼 평했는데 마치 시인이 구원의 여신을 맞은 것 같은 심정이 되었던 듯하다. 콩트와 편지만 주고받았던 드보라는 1년 뒤 결핵으로 사망하고 말았다.

콩트는 종교가 끝난 뒤 철학의 시대가 찾아왔고, 철학의 역사가 지나면 실증과학의 시대가 도래한다고 예언하면서 실증과학의 창시자로 자처했다. 그러던 그가 말년에는 인류를 위한 새로운 종교의 필요성을 강조하면서 이른바 '인류교'의 출현을 갈망했다. 그리고 자기자신이 마치 그 종교의 교주인 양 흥분된 분위기에 젖어 있었다.

1년 12개월 각 달의 명칭도 사회 진보에 공헌한 사람들을 기념하고 인류 계몽에 대응하는 의미에서 대표적인 철학자나 과학자의 생일이 들어 있는 달에 맞춰 그들의 이름으로 부를 것을 주장했는가 하면, 나폴레옹과 같은 악인이 다시는 생기지 못하도록 나폴레옹의 탄생 달은 역계몽을 해야 한다는 주장을 내놓기도 했다.

역시 이러한 자가당착은 그의 성격의 결과라고 보아야 할 것 같다. 천분을 지닌 사람들이 자신의 정신적 동일성을 상실했을 때 일어나는 사상적 당착이라고 보아 좋을 것이다. 이런 예를 보면 천재와 바보는 종이 한 장 차이라는 말이 맞는 것 같기도 하다.

키르케고르는 자신을 관찰하면서 대단히 성숙된 지력을 갖춘 어른과 천진무구한 어린이가 함께 공존해 있는 것 같다고 표현하기도 했다.

키르케고르는 자신을 활자공이 잘못 골라 꽂아 넣은 필요 없는 알파벳 글자와 같다고 말하며 감탄문 끝에 있는 감탄부(!) 같은 존재, 즉 있으나 마나 한 존재라고 표현하기도 했다. 사람들은 그가 레기네 올센과 결혼해서 행복한 가정을 가졌더라면 좋았겠다고 쉽게 생각한다. 그러나 심리학자나 인간심리 연구가들은 그가 결혼할 수도 없었고, 또 결혼했다 하더라도 그 가정을 순탄히 이끌어 갈 수도 없었을 것이라고 예견한다.

이처럼 천재들은 평범하게 살도록 되어 있지 못하며 평범에 안주하는 순간 이미 그 천재성은 사라지고 말지도 모른다.

대학 예과와 학부를 거치는 동안 관심을 갖게 된 몇몇 철학자의 이야기를 기억 속에서 더듬어 보았다. 그러나 신기하게도 이런 인간적인 이야기가 그들의 저서를 읽는 계기가 되기도 하고, 때로는 그 주변 이야기가 그들의 사상을 이해하는 데 적지 않은 도움을 주기도 한다. 만일 문학이나 예술 분야를 연구하는 사람이 있다면 철학자나 사상가보다 더 진지하게 그 저자들의 인간적 이야기에 매료될 수도 있을 것이다.

정신적 자유와 사색을 소중히 여긴
철학자 쾨베르

재미있는 이야기를 하나 소개하겠다. 내가 일본에서 대학에 다니던 1940년대쯤 일본 학생들이 심취해서 읽던 책이 있었다. 라파엘 쾨베르(R. Koeber) 박사의 수상집으로 모두 3권으로 되어 있었던 것 같다.

도쿄대학교는 철학과가 생긴 뒤 철학계에 도움이 될 외국 교수 한 사람을 초청할 계획을 세웠다. 당시의 일본 철학계는 독일 철학의 출장소 비슷했기 때문에 독일의 카를 하르트만(K. R. Hartmann) 교수에게 한 사람을 추천해 달라고 의뢰했던 모양이다.

그의 추천으로 1893년 일본에 오게 된 사람이 쾨베르 교수였다. 그는 독일에서 활약한 교수였으나 국적은 러시아로 되어 있어서 러시아 영사관에서 기식(寄食)했다.

도쿄대학교에서 그리스 철학과 미학을 가르친 그는 여러 가지로 다

재다능한 인물이었다. 어린 시절 모스크바 음악학교에서 차이코프스키 등과 함께 음악을 공부했던 그는 음악에 관한 조예가 남달랐다. 자기 자신이 직접 피아노를 연주했고 그 솜씨도 대단했던 모양이다. 누군가가 그에게 일본에서 지내면서 가장 불편한 점이 무엇이냐고 물었더니, 음악다운 음악을 들을 기회가 없는 것이라고 대답했다. 그는 음악 감상의 공백을 메우기 위해 자주 악보를 통해 감상한다고 말했다. 즉 연주를 들을 수 없으니까 악보를 읽어 음악을 감상했다는 뜻이다.

단출한 삶에서 찾은 정신적 자유

그는 문예 및 종교 영역에서도 탁월한 식견을 갖추고 있었다. 독일은 물론 세계적 고전에 속하는 작품들에 대해서도 평가했고, 기독교와 신앙에 관한 조언도 아끼지 않는 사람이었다. 그의 수준 높은 교양과 학식이 초창기 일본 철학계와 독서계에 큰 영향을 주었으리라는 것을 쉽게 짐작할 수 있다.

그의 사생활도 여러 가지 특이한 면이 있었다. 독신주의자라고 해도 과언이 아닐 정도로 여성에게 관심이 없었다. 심지어 젊은 여성과의 사귐은 필요 없는 감정적 소모를 초래한다는 이유로 중년을 넘긴 여성이 아니면 대화를 나누는 일도 별로 없었다. 이성과의 사귐 때문에 정서적 안정을 잃는 것을 원하지 않았던 그는 조용하고 안정된 독신 생활을 즐겼다.

그는 재산이나 재물을 소유하지 않았다. 대학에서 봉급을 받는 일도 없었고 숙식은 러시아 영사관에서 제공하는 것으로 만족했다. 소유물도 거의 없이 살았다. 자신이 소유한 것은 성경책, 몇 권의 악보, 니체를 포함한 몇 권의 도서가 전부였다. 늘 같은 옷만 입는 단벌 신사였고 돈은 지니고 살지 않는 것을 원칙으로 삼았다.

어느 날 제자들이 그에게 가장 큰 소원이 무엇이냐고 묻자, 그는 서슴지 않고 참으로 자유로운 사람을 한번 만나 보았으면 좋겠다고 대답했다. 자유로운 사람이 그렇게 드물다고 생각하느냐는 물음에는, 예수 그리스도와 아시시(Assisi)의 성 프란체스코 같은 사람은 진정으로 자유로운 삶을 살았던 것 같다고 대답했다. 석가님은 어떻게 생각하느냐고 물었더니, 아직 석가에 대해서는 충분히 연구한 적이 없어 대답하지 못하겠다고 말했다.

그는 자신의 정신적 자유를 참으로 소중히 여겼다. 손님들의 방문도 자신에게 정신적 번거로움이 될 때는 "지금은 홀로 있고 싶은 시간이니 양해해 달라"는 말을 서슴지 않았다. 특히 여성들의 방문은 거의 허락한 일이 없었다.

산책을 할 때도 사람과 같이 하면 조용한 사색 시간을 가질 수 없다며 애견 한 마리와 동행하는 것이 그의 습관이었다고 한다. 혼자만의 사색을 방해받을까 꺼렸던 것이다. 그러나 도쿄는 산책을 즐길 만한 장소가 거의 없어 즐거운 사색시간을 갖지 못했다고 한다. 넓은 숲이 많은 독일에서는 언제 어디서나 산책을 즐길 수 있어 행복했다며 추억에 잠기곤 했다.

이렇게 살던 쾨베르 교수는 조국으로 돌아가지 못하고 끝내 일본에서 세상을 떠났다. 그러나 그가 일본 학생들과의 대화를 통해 남긴 수필집은 일본 청년들에게 대단히 큰 영향을 주었다. 오히려 학문적 업적보다 그가 남긴 정신 및 문화적 계몽성이 더 큰 자극을 주었을지 모른다. 한국 학생인 나도 그의 글을 읽으며 어색하다는 느낌이나 거리감을 조금도 느끼지 못했다. 그의 저서에는 서구적 사상과 인류의 유구한 문제가 잘 정돈되어 있었고, 나도 그 내용을 쉽게 수용할 수 있었기 때문이다.

제자들이 쾨베르에게 "교수님은 고향이라는 말을 자주 사용하고, 글에도 고향에 대한 향수가 짙게 깔려 있는데 고향을 무엇이라고 생각하십니까?"라고 물었다. 그는 "고향은 내가 자란 환경과 분위기이고 특히 내가 애용해 온 독일말"이라고 대답했다.

그렇다. 그에게는 듣고 싶어도 듣지 못하는 독일말이 곧 고향이었을 것이다. 한국말을 자주 쓸 일이 없는 외국에 머무는 교포들도 마찬가지 생각을 갖는다.

캐나다 산간에 사는 한 한국인 가정이 있었다. 남편이 직장에 나가면 부인은 한국말을 하지도 듣지도 못하는 환경에서 살아야 했다. 어느 날 그 집을 방문한 한국인 목사에게 "한국말로 떠들어 대는 한국 시장바닥에 나가 하루만이라도 살고 왔으면 좋겠다"고 고백했다고 한다. 그런 상황을 겪어 본 사람들은 그 심정을 너무나 잘 이해한다. 그 부인은 캐나다에서 임종을 맞았는데, "한국말로 떠드는 고장에서 죽었으면 좋겠다"고 말했다. 그 얘기를 했던 한국 목사도 수십 년을 캐나다에서 살았지만 우리말을 쓰지 못하면서 살라고 하면 한국으로 돌아가겠다고 솔직한 심정을 털어놓았다.

쾨베르 교수의 고향은 역시 그의 마음과 사상을 만들고 키워 준 독일말이었던 것이다. 그 뜻을 얻지 못하고 객지에서 죽음을 맞이한 셈이니 그야말로 실향민의 한 사람이기도 했다.

어떤 제자가 이렇게 질문했다. "교수님은 누구보다도 독일을 사랑하는 것 같은데 그 이유가 무엇입니까?"

그가 대답하길, 독일은 인구 5만 명만 사는 중소 도시에도 대학이 있고 도서관이 있는가 하면, 교회와 문화시설과 다양한 행사가 있어서 어떤 지성인이나 문화 수준이 높은 사람도 만족스럽게 살 수 있는 반면, 도쿄는 큰 도시임에도 불구하고 정신적 욕구와 문화적 호흡을 만족시켜 줄 안식처가 없기 때문이라고 털어놓았다. 반세기 전의 옛날에는 도쿄도 그렇게 보였을 것이다.

학생들의 의식구조와 가치관을 바로잡은 문답법

한번은 쾨베르 교수가 미국에서 한창 제창되고 있는 실용주의(프래그머티즘)를 어떻게 생각하느냐는 질문을 받았다. 그는 괴테의 시에는 "열매 많은 것, 그것이 곧 진리다"라는 말이 있는데 윌리엄 제임스(W. James)의 이론이 바로 그 뜻이 아니겠느냐고 반문하면서, 역시 미국 철학은 사상과 체계 면에서 빈곤하다는 뜻을 암시했다. 그의 독일 철학과 괴테에 대한 자부심은 대단했던 것 같다.

앙리 베르그송(H. Bergson)의 저서에 대해서도 그는 20~30페이지면 되는 것을 공연히 500~600페이지에 걸친 긴 내용으로 설명한다고 평했다. 오히려 베르그송을 다룬 논문들이 더 알찬 내용을 갖고 있다는 평가였다.

한 제자가 "루터, 베토벤, 칸트 모두가 독일 사람인데 교수님은 그들 중 누가 더 위대하다고 생각하십니까?"라고 물었다. 질문을 받은 쾨베르 교수는 한참 생각에 잠겼다가 "나는 당신이 왜 그런 질문을 하는지 그 이유를 알게 될 때 대답을 하겠다"며 답변을 보류했다.

얼마의 세월이 지난 뒤, 그는 지금 그 해답을 줄 수 있겠다면서 이렇게 설명했다. "당신네들은 어떤 인물을 평할 때 관용 자동차의 번호를 매기듯이 획일적인 서열이 있어야 한다고 생각하는데 우리 독일인의 대부분은 그런 생각은 하지 않는다." 그러면서 "칸트와 헤겔 중 누구를 더 좋아하느냐고 묻거나, 베토벤과 모차르트의 곡 중에 누구의 곡이 더 깊이 있냐고 묻는다면 질문이 되겠지만, 종교개혁자·철학자·음악가를 비교하면서 누가 제일이고 훌륭하냐고 묻는다면 내가 어떻게 대답할 수 있겠는가. 자기 분야에서는 모두가 훌륭한 인물이 아니겠는가?"라고 반문했다.

생각해 보면 우리 모두가 그 질문을 한 일본 학생과 비슷한 생각을 갖고 있는 것 같다. 우리는 인물을 평할 때 군인이 계급에 따라 공과를 평가하며 공무원이 직급에 따라 서열을 매기듯이 획일적인 순서가 없으면 대답을 할 수 없는 것처럼 착각한다.

그래서 초등학교 선생은 "우리 반에서 아무개 어린이가 제일입니다" 하는 반교육적인 발언을 예사로 하는가 하면, 어떤 대학에서는 수석 졸업생을 자랑스럽게 공포하기도 한다. 사관학교라면 같은 과목을 공부하기 때문에 수석 졸업이 있을 수 있겠지만 대학에서 수석 졸업을 얘기한다면 그 자체가 비교육적인 것이다. 전공 학과가 다르고 대학의 특성이 다르며 개성 있고 창의력 있는 학생을 길러야 하는 대학에서 어떻게 수석 졸업생이 나올 수 있겠는가.

어쨌든 쾨베르 박사는 이런 대화를 통해 일본 학생들의 의식구조와 가치관을 조용히, 그러나 신랄히 비판하고 바로잡아 주곤 했다.

또 다른 학생이 "교수님도 기도를 드리는 일이 있느냐"고 물었다.

쾨베르 교수는 "그렇다. 이전에는 내가 드리고 싶은 기도를 드리곤 했는데 최근에는 '주의 기도' 이외에는 별로 기도를 드리지 않는다"고 대답했다. 다시 학생이 "그 기도는 너무 짧지 않느냐"고 물었다. 교수는 "그렇지 않다, 두 번째 기도인 '나라가 임하옵시며'라는 기도 하나만으로도 감당하기 어려운 무게 있는 기도가 아니겠느냐"고 반문하면서, "사실 '주의 기도' 이상의 기도는 드릴 수 없기 때문에 그 기도를 반복해서 드린다"고 설명했다.

이 대답 역시 기독교인에게 주의를 환기시키는 뜻이 담겨 있었다.

자유로운, 그러나 고독한 길손

쾨베르는 학생들의 성적 평점에 대해서는 대단히 까다롭고 인색했던 모양이다. A학점을 주는 것도 드물었던 것 같다. 그런데 단 한 학생이 만점을 받은 일이 있었다고 한다. 이와시타 소우이치(岩下壯一)라는 스콜라 철학의 대가가 학생 때 유일하게 만점을 받았다고 전해진다.

내가 대학에 다닐 때 이와시타 교수는 이미 작고한 뒤였고, 이와시타의 후배인 요시미쓰 요시히코(吉滿義彦) 교수의 강의를 들을 기회가 있었다. 이와시타 교수는 요시미쓰가 자기보다 우수한 학자라고 평했고, 프랑스의 자크 마리탱(J. Maritain) 교수도 요시미쓰 교수를 보기 드문 수재였다고 평했다. 이런 인간관계들이 우리의 대학 생활을 흥미롭고도 감정과 인간미가 통하는 학부 생활로 이끌어 주었다.

내가 대학에 다닐 때 쇼펜하우어와 니체에 접근하게 된 것도 쾨베르 교수의 영향을 간접적으로 받았기 때문이었던 것 같다. 그는 어떤 철학자나 사상가의 학설을 강하게 비판하거나 거부하지 않으면서 언제나 더 값진 철학과 학문으로 이끌어 주는 역할을 잘 감당했다. 나는 그의 글들을 읽으면서 '자유로운, 그러나 고독한 길손'이라는 인상을 강하게 받았다.

우리 때에도 독일의 시인 헤르만 헤세의 책이 많이 읽혔다. 헤세가 고향을 찾아다닌 시인이었다면 쾨베르는 고향을 그리워하면서 산철학도 같은 인상을 풍겼다.

내가 다닌 대학에도 많은 외국인 교수가 있었다. 예수회에 속하는 학자들이 신부관에 머물고 있었는데 그중 두세 교수의 저서들이 문화 풍토가 다른 일본 학생들에게 적지 않은 영향을 끼쳤다.

카를 뢰비트(K. Löwith)라는 저명한 교수도 히틀러의 독재 기간을 피해 일본 도호쿠(東北)대학교에 와 있었다. 그러나 학생들은 그가 독일을 대표하는 세계적 철학자임은 발견하지 못했던 것 같다. 제2차 세계대전 이후 그는 독일로 돌아가 하이델베르크대학교의 중진 교수가 되었다. 그의 저서 대부분이 일본어로 번역되어 학생들의 연구 의욕을 높여 주었다. 그는 오래전 일본을 다녀가면서 우리나라에도 들러 역사철학에 관한 강연을 하기도 했다.

이런 이야기를 하다 보면 우리나라의 젊은이들에게도 반드시 외국 출신이 아니더라도 가치관과 세계관을 넓혀 줄 만한 스승이 있으면 좋겠다는 소망을 가져 보게 된다.

20세기 현대 철학을 탄생시킨
대표 주자들

20세기 전반기에 뚜렷한 업적을 남긴 세계적인 철학자 세 사람이 있다. 나 개인의 생각이라기보다 철학계 모두가 인정하는 인물들이다.

물론 에드문트 후설(E. Husserl)은 지금에 이르러 누구 못지않게 훌륭한 영향을 미치고 있으나, 그 당시에는 지금 소개하는 세 사람이 더 광범위하게 평가되고 있었다. 후설의 저서는 비교적 난해한 편이어서 철학계 이외에는 널리 읽히지 못했던 것도 하나의 이유가 되었을지 모른다.

세 사람은 독일의 빌헬름 딜타이(W. Dilthey), 미국 하버드대학교의 윌리엄 제임스(W. James), 그리고 프랑스의 앙리 베르그송(H. Bergson)이다. 이들 모두 세계적으로 업적을 남긴 철학자들이다.

언젠가 우리나라의 철학자도 세계적인 업적을 남기는 때가 왔으면 좋겠다. 일본에는 몇 명의 대표적인 철학자가 있었지만 철학의 세계적인 추세나 학문적 언어의 영향으로 보아 아직은 공인받지 못하고 있다. 물론 국제무대에 발표되는 논문들이 있긴 하지만 뚜렷한 철학적 계보를 이룩하지는 못한 것이 사실이다.

베르그송의 『창조적 진화』와 『도덕과 종교의 두 원천』

지금도 프랑스 파리에 있는 콜레주 드 프랑스(프랑스 최상위 고등교육 기관)에 가면 베르그송이 강의하던 상당히 넓은 강의실과 베르그송의 자그마한 흉상 조각이 남아 있다. 크지는 않으나 세계적인 철학자를 기념하기에는 충분할 것 같은 인상을 받았다. 우리나라의 경우에는 건물이나 조각이 너무 큰 탓에 정신적 질적 가치가 희석되는 경향이 있는 것 같다.

베르그송은 아인슈타인과 마찬가지로 유대인이다. 어떤 이들은 같은 시대의 세계적인 철학자와 과학자 두 사람이 모두 유대인이라고 말하기도 한다.

그는 프랑스의 철학자들이 모두 그러했듯이 과학을 바탕으로 독창적인 철학을 체계화시켰다. 그런 점에서 영국이나 독일의 철학자들과는 차별화되고 뚜렷한 개성을 보여주었다.

그의 대표 저서는 『창조적 진화』와 『도덕과 종교의 두 원천』으로 지금도 꾸준히 읽히고 있다. 후자는 우리나라에도 몇 종류의 번역서가 나와 있을 정도로 지금도 고전적 가치를 지니고 있다. 『창조적 진화』는 그의 철학의 핵심인 형이상학적 과제를 다룬 저서라고 해도 틀리지 않을 것이다. 그는 생물학 및 약동하는 생명의 현상에 조예가 깊었는데 그 원리에 따라 삶은 결정론적인 것도, 플라톤에서 유래하는 목적론적이거나 이상적인 것도 아니며 계속적으로 창조해 가고 진화가 거듭되고 있을 뿐이라고 지적한다. 굳어진 물질 세계와 생명의 자기 혁신적 창조력은 구별되어야 한다는 것이다.

그에 따르면, 우리의 삶은 의식과 정신력을 바탕으로 꾸준히 창조의 역사를 밟아 왔으며 앞으로도 그 창조의 길을 중단하지 않을 것이다. 사람들이 그를 삶(生)의 철학자로 부르는 것은 그 당시 대륙을 중심으로 삶의 철학이 보편화되었고 당시를 대표하는 철학이 삶의 철학이라고 모두가 공인하고 있었기 때문이다. 딜타이도 그런 철학자 중 한 사람이었다.

세월이 지나면서 베르그송의 철학적 독창성은 다시 인정받게 되어 베르그송의 철학 세계가 하나의 정신적 왕국을 형성하게 된다.

그는 『도덕과 종교의 두 원천』에서 거의 고전이라 불릴 정도로 깊은 의미를 남겨 주었는데, 도덕에 있어 열린 사회와 닫힌 사회를 구별하여 열린 사회로의 길이 도덕과 윤리의 기초임을 명시한 것이다. 종교의 역할은 정적(靜的)인 삶의 가치관을 뒤로하고, 언제나 동적(動的)이면서 새로운 가치관을 창조하는 것이라고 강조했다.

그의 글을 읽고 있으면 과학적 배경이 풍부하고 확고하기 때문에 그의 철학 이론을 반박하거나 거부할 여지를 찾기 힘들다. 과학적 근거나 배경이 된 철학 이론은 선택에서 제외시킬 수 있으나 과학적 이론이 뒷바침된 철학 이론은 일단 수용할 수밖에 없다. 그 결과 적지 않은 베르그송의 후계자들이 탄생했다.

철학계에서는 이 두 권의 대표적인 저서 못지않게 그의 짧은 논문들을 더 소중히 여기기도 한다. 그의 의식구조와 기능의 연구 등은 실제로 많은 철학적 독창성을 제시해 주며, 창조적 진화와 도덕·종교의 문제가 그 논문들의 확대된 결론으로 받아들여지고 있기 때문이다.

그는 아인슈타인과 같이 철학을 바탕으로 한 인류와 역사의 문제에도 철학자답게 여러 차례 언급한 바 있다. 제1차 세계대전을 겪은 후에는 사랑의 신념과 의지가 전제된 신앙이 필요하다는 사실을 고백했다.

그런가 하면 1941년 그가 작고했을 때에는 그가 세상 떠나기 2년 전에 영세를 받고 크리스천이 되었다는 사실이 그에게 영세를 베푼 신부에 의해 밝혀지기도 했다. 베르그송이 살아 있는 동안에는 그 사실을 공포하지 말아 주기를 신부에게 부탁했기 때문이다. 그 기사를 읽은 나 자신도 정신적 충격을 금할 수 없었던 기억이 새롭다. 나는 지금도 그의 두 저서는 많은 지성인이 읽어야 하는 필독서가 되어도 좋으리라고 생각한다.

세계관으로서의 철학을 개척한 딜타이

빌헬름 딜타이도 베르그송 못지않게 자신의 철학 세계를 개척한 사람이다. 그는 대단히 열정적으로 다방면에 걸친 업적과 저작을 남졌다. 그가 살아 있을 때는 삶의 철학자 중 대표적 인물로 평가받았으나, 그가 남긴 업적은 '세계관(世界觀)' 철학의 창시자라는 점과 '해석학'의 정착자라는 점이다. 물론 이 두 가지 철학적 결실의 근거는 삶의 철학에 있다.

한때 사람들은 니체를 삶의 철학의 어머니로, 베르그송을 삶의 철학의 아버지로 불렀다. 삶의 철학은 니체의 사상과 정신에서 비롯되었고, 그 사상을 철학으로 발전시킨 것은 베르그송의 업적이었기 때문이다. 그러나 독일 사람들은 삶의 철학의 업적은 딜타이와 게오르그 짐멜(G. Simmel)에게 돌리고 있다. 불행하게도 짐멜은 삶의 철학의 울타리를 크게 벗어나지 못했어도 딜타이는 새로운 영역의 철학으로 발전시켰기 때문에, 삶의 철학의 업적은 오히려 딜타이의 것이었다고 보아도 좋을 것이다.

모든 철학사가와 철학자들이 인정하듯이 플라톤에서 헤겔에 이르기까지 1500년 동안 철학의 주제는 형이상학이었다. 그러나 그 형이상학의 불필요함과 학문적 한계를 느끼는 최근의 철학자들은 비형이상학적인 철학과 반(反)형이상학적인 철학을 전개시키기 시작했다. 그리고 지금의 분석철학자들은 반형이상학의 대표적인 흐름이라고 해야 할 것이다. 또한 형이상학적인 문제를 거부하거나 배제하지는 않으면서 새로운 방향으로 전개시킨 대표적인 철학자가 있었는데 그가 바로 딜타이였다.

딜타이는 전통적인 철학의 과제는 일원론이나 다원론 같은 관념적 학설에 빠져서도 안 되고, 유물론이나 유심론 같은 근거도 없는 비과학적 이론에 매달려서도 안 된다고 보았다. 철학은 우리 삶의 현실에서 우리가 살고 있는 세계를 어떻게 바라볼 것인가 하는 하나의 견해, 즉 세계관을 얻는 일이라고 보았다.

그것에 따르면 전통적 개념인 존재라든가 유일자의 문제 같은 것이 중요한 것이 아니다. 중요한 것은, 우리 삶과 연결되어 있으며 삶의 내용을 형성하고 있는 문화·역사·가치관과 과제로서의 세계를 재해석하는 것이라고 보았다.

철학은 우리 삶의 세계 속에 숨겨져 있는 수수께끼를 풀어 주는 것이다. 세계를 바라보는 하나의 견해, 즉 '관(觀)'을 찾아 갖추는 것이라고 보았다. 딜타이가 강조하는 세계관으로서의 철학이 바로 그것이다. 삶의 영역 밖의 문제는 철학의 과제가 아니며 자연과학적 고찰이나 연구는 철학 이전의 과제에 속한다. 그래서 그는 자연과학과 정신과학의 영역과 과제를 구별한다. 철학은 자연과학적 과제가 아니라고 생각했기 때문이다. 철학의 영역을 새로운 차원과 의미에서 설정했던 것이다.

이런 철학 분야의 개척자로서의 자질에 걸맞게 그는 신학·역사학·심리학·예술·철학사 등 다방면에 걸친 연구에 몰두했다. 거기에서 얻어 낸 하나의 철학적 방법론이 곧 해석학이 된 것이다. 철학을 중심으로 고찰한다면 해석학에 의한 세계관의 터득, 그것이 곧 딜타이의 철학이 되는 것이다.

해석학이란 쉽게 말해서 삶의 자각과 발전을 통해 얻어지는 체험과 요해(了解)와 표현이다. 삶은 계속적으로 자각적인 체험을 통해 상승 발전하는 것이며 그 체험의 내용을 밖으로 표현하며 전체적으로 요해하는 작업이 삶의 현실인 것이다. 요해란 지적인 사고나 합리적인 논증을 넘어서 감정과 의지까지도 포함하는 전인적(全人的)인 이해를 지칭하는 말이다. 합리적인 인식은 부분적일 수 있어도 요해는 전체적이며 언제나 미래로 전진하면서 창조하고 표현하는 능력을 갖추고 있다.

따라서 그의 철학은 자연과학적인 관찰이나 합리적 사고의 영역을 초월하는 것이며 고정된 관념이 아닌 총체적인 창조력과 통하는 삶의 본래적 기능에 속한다. 그 결과로 나타나는 것이 철학의 총체적 해석인 세계관이 되는 것이다.

이렇게 본다면 철학은 철학도들의 독점물이 아니라 위대한 종교가, 훌륭한 예술가, 세계문제를 취급하는 사상가 모두가 지닐 수 있는 학문이다. 그리고 최근 우리가 일상적인 대화에서 "네 철학은 무엇이냐?"고 물었을 때 기대되는 대답은 "네 생각은 무엇인가?"라는 물음의 대답과 통한다. 즉 "네 세계관은 무엇이냐?"로 승화될 수 있는 것이 철학인 것이다. 그런 점에서 딜타이는 또 하나의 대표적인 철학자라고 보아도 무리가 없다.

그렇다고 해서 그가 다룬 광범위한 독일적 전통의 철학서를 모두 읽으라고 권할 수는 없다. 짧은 내용으로 된 『세계관의 철학』쯤은 읽으면 도움이 될 것이라고 생각한다.

미국 철학에 실용주의를 정착시킨 제임스

미국의 실용주의를 연구하는 사람들이 빼놓을 수 없는 철학자가 있다. 바로 윌리엄 제임스이다. 하버드대학교에서 심리학을 연구하다가 철학으로 전환했고 실용주의를 정착시킨 철학자이다. 얼마 전 하버드대학교에는 제임스 기념관을 완성해 그의 학문적 업적을 기리는 센터로 삼았다.

그의 대표적인 저서를 든다면 『종교적 체험의 여러 현상』과 『프래그머티즘』을 꼽아야 할 것이다. 특히 후자는 미국을 풍미했던 실용주의 사상을 이해하는 데 가장 적절하고도 비중 있는 저작이라고 보아야 할 것이다. 독일의 카를 야스퍼스(K. Jaspers)가 정신병리학을 전공하다가 후에 하이델베르크의 대표적인 철학자로 등단했듯이 제임스의 심리학적 연구는 그가 미국적 철학을 개척하는 데 밑거름이 되었다. 과학적 근거가 빈약한 현대 철학은 설 자리를 잃게 되었다는 사실을 입증하는 하나의 본보기라고 해도 좋을 것 같다.

앞서 쾨베르 교수를 소개하면서 "열매 많은 것, 그것이 곧 진리"라는 괴테의 시를 언급한 바 있다. 실용주의는 삶의 현실에서 결실을 맺어야 한다는 논리로 출발했으나 마침내 진리는 현실적 삶의 유용한 결실로 나타나야 한다는 사회 관념으로 발전하게 된다. 좋은 결과를 예측하는 의지가 무엇보다도 중요하며 결과가 기대되지 않는 이론은 불필요한 공론에 빠질 가능성을 안고 있다는 것이다.

누가 봐도 가장 미국적인 철학을 제창한 사람이 실용주의에 전념한 학자들이었고, 그 대표자가 제임스였다. 그런 점에서 그의 훌륭한 업적 또한 높이 평가받을 만하다.

이 세 철학자를 같은 지면에서 소개한 몇 가지 이유가 있다. 물론 나 자신이 대학에 다닐 때 관심을 가졌던 사람들이었다는 점은 말할 필요도 없으나 그들이 근대 철학을 이어받아 현대 철학을 탄생시키는 역사적 주역을 담당했다는 점을 지적하고 싶었기 때문이다.

베르그송이 없는 프랑스 철학과 서양 철학을 생각하기 어려우며, 딜타이를 배제한 독일 철학과 현대 철학을 논한다는 것도 말이 안 되는 일이다. 더욱이 미국의 실용주의 철학에서 제임스의 위상 또한 크다고 하지 않을 수 없다.

이들이야말로 20세기 전반기를 이끈 철학사의 대표적인 거봉들이었다고 해도 과언이 아닐 것이다. 지금 우리 주변에도 그들의 학문을 전공하는 철학도들이 나오는 것도 다 이유가 있다.

마르크스 사상의 기원,
헤겔 좌파를 읽다

내가 대학에 다닐 때는 마르크스와 무관하게 지낸 학생이 없었다. 그 당시에도 일본 군국주의는 좌경 세력을 탄압하고 있었기 때문에 젊은이들은 더 열심히 마르크스를 읽었고 공산주의에 대한 호기심을 가지고 살았다.

내가 마르크스를 접하게 된 것은 사회주의 사상가로서보다는 철학적 맥락에서였다. 물론 나는 이상적인 사회주의 이론가들의 이름과 저서, 그리고 그들이 어떤 주장을 펼쳤는지 정도는 상식적으로 간략하게 알고 있었다.

당시 헤겔을 읽고 그의 변증법에 관심을 가졌던 나는 헤겔 좌파의 대표적 철학자인 루트비히 포이어바흐(L. Feuerbach)도 읽었다. 한때는 포이어바흐의 저서가 지성 사회에 상당히 큰 영향력을 미쳤다. 그의 『종교의 본질』이나 『기독교의 본질』은 거의 충격으로 받아들여졌다.

헤겔은 전통적인 기독교 신앙을 떠나 이성적이며 도덕적인 신앙을 주장했다면, 포이어바흐는 그것을 다시 발전시켜 모든 종교와 기독교 신앙을 인도주의적 입장에서 재해석했으며, 결론적으로 반기독교와 무종교를 제창하는 방향으로 나아갔다.

철학에서도 포이어바흐는 헤겔의 유심론이라고 볼 수 있는 정신철학을 유물론적인 방향으로 이끌었다. 전통적인 기독교가 배제되고 유물론 철학이 수립되면서 많은 후계자가 그 뒤를 따랐다.

특히 포이어바흐가 반정부와 반기독교 사상의 소유자라는 이유로 대학 강단에서 추방당한 뒤로는 그의 사적인 공개강좌에 수많은 헤겔 좌파, 이른바 좌익 사상가들이 새로운 세력을 형성하며 모여들었다. 그 당시 독일 국회에서는 여당이 국회 오른쪽에, 야당이 왼쪽에 자리하고 있었다. 야당의 정신적 지도자들이 헤겔 좌파와 연결되어 있었으며 전통적인 기독교와 대립하고 있었기 때문에 사람들은 그들을 좌파 또는 좌익이라고 부르기 시작했다.

따라서 포이어바흐를 중심으로 모이는 사람들은 유물론자, 반정부주의자, 급진 사상의 소유자, 사회비판적인 세력이었다. 그러나 그들은 헤겔의 변증법적 사고와 방법을 추종하고 있었다. 여기에 속하는 사람 중 하나가 마르크스였다.

따라서 철학적 흐름으로 본다면 마르크스의 선배가 포이어바흐이고 포이어바흐의 선배는 헤겔이라고 할 수 있다. 내가 공부할 때만 해도 마르크스를 헤겔의 손자뻘이라고 강의하는 교수도 있었다. 마르크스의 사상을 유물변증법이라고 하는 것은 포이어바흐와 헤겔에서 기인한다. 마르크스는 헤겔의 철학적이며 논리적인 변증법을 사회적이며 역사적인 방향으로 발전시켰고, 헤겔의 논리적 모순 개념을 역사적 현실의 계급적 모순 개념으로 전개시켰다.

이런 점으로 미루어본다면 헤겔을 연구하는 사람은 마르크스를 따르지 않아도 되나 마르크스를 연구하는 사람은 헤겔을 배제할 수가 없게 된다. 한때 뉴레프트(신좌익) 운동이 강렬했을 때 헤겔 르네상스가 제창되었던 이유도 짐작이 가는 일이다.

물론 필자와 같은 사람은 헤겔 우파라고 불리기도 하는 키르케고르를 따랐기 때문에 포이어바흐보다 키르케고르를 가까이했으나, 그렇지 않은 사람들은 헤겔, 포이어바흐, 마르크스의 길을 택했다. 그 당시부터 좌익 사상은 진보적이며 혁신 내지 혁명적인 사상으로 평가받고 있었다. 피지배층과 젊은이들은 사명의식을 갖고 이 좌익 사상을 추종하는 경향으로 흐르게 된 것이다.

인간 정신의 가치와 존엄성이 부재한 마르크스 유물사관

사실 마르크스의 저서를 전부 읽는다는 것은 부담스러운 일이다. 나 같은 위치의 학생들은 수많은 마르크스의 해설서를 접할 수 있었기 때문에 마르크스 이해에는 적지 않은 도움을 받았다. 그러면서 그의 『자본론』을 접하게 되었다.

그런데 이상할 정도로 나는 마르크스 사상의 모순점을 처음부터 느끼기 시작했다. 그의 역사 이론의 결정론적인 견해가 그러했다. 기차만 이용해야 했던 시대에는 부산에서 서울로 가려면 부산-대구-대전-서울이 유일한 길이라고 생각할 수 있으나 고속도로가 생기고 항공기가 발전한 뒤로는 반드시 철로를 따라 정해진 길을 택해야 한다는 원칙은 통하지 않는다.

이처럼 마르크스의 유물사관은 그 당시 하나의 길만을 염두에 두고 있었다. 원시공산사회, 농노사회, 자본주의사회, 사회주의사회로의 과정은 하나의 길일 수 있으나 유일한 것도 아니며, 절대적일 수도 없다고 생각했다.

그의 모순과 혁명 이론도 그렇다. 그가 주장하는 사회주의 혁명보다 자유민주주의의 방식대로 사회가 자라게 되면 오히려 거기서 생기는 다양한 갈등을 개선 또는 개혁해 나가는 동안에 사회적 발전과 역사적 진전이 가능하다. 나는 그것이 더 현실적이며 타당성이 있다고 믿고 싶었다.

그리고 모순과 혁명이 되풀이되는 사회는 혁명의 연속성으로 인해 역사의 과정만 있을 뿐, 그 시대가 갖는 긍정적 의미의 성장과 발전의 기간을 찾을 수 없게 될 것이라는 생각을 하게 되었다. 최후의 목적에 도달하기 위해 역사와 사회의 모든 과정이 버림을 받는다면 그것은 역사에 시대적 의미를 부여할 수 없을 뿐 아니라 결국에는 역사 자체가 의미를 상실하게 된다. 가장 위험하다고 느낀 것은 개인의 자유와 목적이 이데올로기의 희생 제물이 될 가능성이 너무 높다는 것이었다.

역사와 사회의 다원성을 보는 시각도 그렇다. 우리의 삶은 다양한 내용으로 이루어져 있다. 정치·경제·문화·도덕·종교·기계·기술을 뒷받침하는 과학과 법률과 질서 등이 복합적으로 이루어진 것이 우리 사회이며 역사이다. 그것을 경제 일변도로 바라보고 해석하는 것은 그 시대의 경제적 모순 현상에만 집중하는 편중된 사고라는 생각이 들었다. 그렇게 되면 인간 정신의 가치와 자유로운 존엄성은 어디에 머물 것인가를 의심하게 된 것이다.

물론 나는 마르크스를 알기 전에 기독교 중심의 종교관을 갖고 있었다. 그러나 마르크스의 철학 때문에 종교적 가치가 배제되어야 한다고는 생각지 않았다. 마르크스의 이상적 사회에 도달하기 위해 투쟁의 길만이 절대적이라면, 협력과 봉사와 사랑에서 오는 인간성 본래의 행복과 자유로운 협력 관계는 버림받아도 좋은가 하고 생각지 않을 수 없었다. 포이어바흐도 종교의 미신적 요소와 물질 및 경제적 건설이 합치되지 않는 면을 강조했을 뿐, 종교가 갖는 정신적 가치와 의미는 의도적으로 배척했다.

뿐만 아니라 마르크스의 사상을 추종하게 되면 또 하나의 종교적 성격을 갖는, 이 세상에는 존재하지 못할 유토피아적 환상으로 우리를 이끌어 갈 가능성이 너무 크다고 생각했다. 그리고 19세기에서 20세기로의 역사적 변화 중 가장 큰 변화가 모든 절대주의적 사고가 상대주의적 사고로 발전한 것인데, 마르크스주의만이 다시 이데올로기를 중시하는 절대주의와 권위주의로 되돌아갈 가능성이 짙다고 의심하지 않을 수 없었다.

잔인한 권력투쟁으로 나타난 마르크스와 공산주의 사상

걱정스러운 것은, 마르크스의 사상이 레닌의 정치관으로 변질되면서 더 큰 위험성을 내포하게 되었다는 점이다. 가톨릭을 예로 들어 본다면, 가톨릭에서는 인간의 구원은 기독교적 신앙에서만 가능하다고 가르친다. 그러니까 그 교리를 믿고 안 믿고는 우리 각자의 선택에 따를 뿐이다. 믿을 수 있다면 따를 수도 있고 믿을 수 없다면 거부할 수도 있다.

그러나 공산주의는 그렇지 못하다. 정치나 경제생활은 주어진 하나의 방법이 있을 뿐 우리는 모두 그 길을 강요당할 수밖에 없어진다. 정치나 경제뿐만 아니라, 사상적 가치와 방향까지도 유일한 한 가지 방향과 이념에 따라야 한다면, 그것은 인간성의 파괴이며, 사회생활은 물론 정신적 자유의 희생을 강요당하는 결과가 된다.

이런 모순점을 강하게 느꼈던 나는 마르크스 사상이나 공산주의 이론보다 그 결과적 현실을 살펴보고 싶다는 욕구를 느꼈다. 그러나 당시에는 그것을 살펴볼 길이 거의 없었다. 공산주의를 주장하기 위해 미화시킨 글이나, 공산주의를 무조건 죄악시하는 양분된 내용만이 눈에 띌 뿐이었다.

오히려 손쉽게 읽을 수 있는 것은 공산세계 안과 밖에서 소개되고

있는 권력투쟁의 기록과 그 결과였다. 그것은 우리의 흥미를 끌기에
도 충분했다.

그 하나의 예는 블라디미르 레닌(V. Lenin)에서 이오시프 스탈린(J.
Stalin)으로 정권이 이양되는 과정에서 일어난 사건이다. 사실 레닌은
스탈린보다는 레온 트로츠키(L. Trotsky)를 후계자로 지목하고 있었던
것 같다. 그러나 스탈린의 치밀한 음모와 술수에 휘말린 트로츠키는
망명이 불가피하였고 결국은 멕시코까지 가 멕시코 정부의 보호를
받고 있었으나 스탈린의 사주에 의해 암살당한다.

구 소련의 지시를 받은 자객이 캐나다 출신의 백만장자로 위장하
고 트로츠키 여비서의 여동생에게 접근, 1년을 사귄 끝에 애인 사이
가 된다. 그는 그 여비서를 통해 경계가 삼엄한 트로츠키의 집에 들
어갈 수 있게 되고 트로츠키에게 접근해 결국 도끼로 트로츠키를 타
살하는 데 성공한다.

그 당시에도 스탈린과 그의 심복이었던 라브렌티 베리야(L. Beriya)
의 관계는 물론 베리야와 관련된 이야기는 어느 정도 과장되어 있기
는 했어도 휴머니즘을 신봉하는 젊은이들에게는 충격적인 사건이었
다. 그리고 구 소련 내부에서 일어나는 음모와 비극적인 사건들은 나
치의 히틀러보다 더 잔인하게 비춰지곤 했다.

세계 역사에서 용서받을 수 없는 두 악의 세력이 도사리고 있는
데, 그 하나는 나치의 히틀러 정권이었고 다른 하나는 구 소련의 공
산주의 정권이라는 판단은 잘못이 아니라고 느껴지기 시작했다.

물론 공산주의자들은 궁극적인 사회주의 건설을 위해서는 혁명이 정당화되며 그것은 역사 완성의 불가피한 과정이라고 설명한다. 그러나 그것은 마키아벨리 이후 세계 역사 어디에서도 찾아볼 수 없는 권력 독재를 위한 억지 주장에 지나지 않는다. 지금에 와서는 이 모든 내용들이 다 알려진 과거의 일이 되기는 했지만, 당시에는 마르크스주의의 정체가 책이나 글을 통해서는 밝혀지기 어려운 시기였다.

탈이데올로기 시대, 남은 것은 휴머니즘뿐

지금 생각해 보면 한때 전 세계에 폭넓은 독자를 가지고 있던 에리히 프롬(E. Fromm)의 지적이 정당했던 것 같다. 그는 20세기에 세계적으로 가장 큰 영향을 미친 두 사상가로 인간문제에서는 프로이트를, 사회문제에서는 마르크스를 꼽았다. 그리고 자기 자신은 그 두 사람의 철학을 묶어 새로운 철학을 창안해 냈다고 주장했다.

물론 그는 그 과업을 완성한 사상가이며 또 그의 지적은 타당했다. 프롬은 "마르크스주의를 망하게 한 것은 공산주의였다"라고 말했다. 그 말은 여러 가지로 해석될 수 있다. 마르크스주의는 잘못되었더라도 휴머니즘적 이상은 살아 있었는데 공산주의가 그 뜻을 정치적으로 실천하는 과정에서 완전히 휴머니즘을 짓밟았다는 의미도 포함되어 있다.

최근에는 탈이데올로기 시대라는 말이 어디에서나 긍정적으로 받아들여지고 있다. 다시 말하면 앞으로는 어떤 이데올로기도 당위성을 갖고 인정받는 일은 없을 것이라는 의미이다. 그럼에도 만일 이데올로기가 아닌 어떤 사상이 있어야 한다면 그것은 휴머니즘이 가능할 뿐이다. 휴머니즘은 언제 어디서나 긍정적으로 용납되며 인류가 추구할 올바른 사고방식이다. 마르크스 사상이나 공산주의도 그 자체는 목적이 못 되고 휴머니즘을 위한 하나의 수단으로 태어났다가 사라질 운명을 갖고 있을 뿐이다.

이렇게 나는 일찍이 마르크스에 관심을 가졌다가 마르크스와 공산주의를 등지게 되었다.

해방 후, 나는 2년 동안 김일성과 공산주의를 직접 체험할 기회가 있었다. 그리고 내가 사상적으로 포기했던 공산주의의 정체를 직접 보면서 나 자신의 판단이 정당했음을 재확인할 수 있었다.

김일성의 죽음을 전후해서 북에서 벌어지는 사태를 전해 듣고 간접적으로 보면서 공산 세계의 말로가 생각보다 더 비극적임을 알 수 있었다. 우리 겨레의 절반이 인권과 자유를 보장받지 못하는 인간 이하의 삶을 살고 있으며, 정신적으로 광기에 찬 사회로 전락할 줄은 누구도 상상할 수 없었기 때문이다.

계몽주의 사상가들의 등장과
프랑스 혁명

역사를 공부하는 사람은 프랑스 혁명을 배우게 된다. 그리고 누구나 프랑스 혁명은 위대한 혁명이었다고 말한다. 그러나 막상 파리를 여행하는 사람은 그 혁명이 얼마나 비극적인 사건이었던가를 실감하게 된다. 어디에 가든지 그 당시의 비참했던 상황을 전해 듣기 때문이다.

나도 중·고등학교 때 프랑스 혁명에 관한 부분을 배우면서 그 혁명이 전 세계적으로 얼마나 큰 영향을 미쳤는지 알게 되었다.

프랑스 혁명의 원인을 설명하는 사람은, 몽테스키외(C. Monte-squieu)·볼테르(F. A. Voltaire)·루소 같은 계몽주의 사상가들이 나타나 민권과 자유와 평등의 정신을 고취시켰기 때문이라고 가르친다. 사실 여러 계몽주의 사상가가 없었다면 프랑스 혁명은 늦어졌을지도 모른다. 혁명을 성공으로 이끌어 갈 국민의 수준이 낮았다면 폭동은 있을 수 있어도 혁명에까지는 도달할 수 없었을 것이다.

영국 존 로크의 사상이 프랑스를 변화시키다

그러면 그들의 계몽주의 철학은 어디서 비롯되었을까? 당시 사회문제에 대한 접근방식에서는 영국이 선진국가였기에 당연히 영국으로부터 영향을 받았으며 그중에서도 존 로크(J. Locke)의 영향이 가장 컸던 것 같다.

나는 대학에 다닐 때 로크의 인식론을 중심으로 하는 철학에는 관심을 가졌으나 그의 종교관, 이신론(理神論), 정치관, 교육문제에는 관심을 갖지 못했다. 그러나 영국과 프랑스를 거쳐 독일에서 사상적으로 큰 역할을 담당한 계몽주의 정신은, 로크의 종교 및 사회철학에서 영향을 받은 것이었다.

그 당시까지만 해도 전통적인 기독교 교리와 교훈은 절대적이었고 그 지도자인 신부의 위상과 사회적 권위 또한 대단했다. 로크는 그러한 상황을 거부하고 기독교의 인격적 유일신관을 철학적이며 이성적인 이신론으로 바꾸어 놓았다. 로크의 주장에 따르면 교회 활동은 의미를 잃었으며 전통적인 신앙은 있으나 마나 한 상황으로 전락할 수밖에 없게 된다.

그 영향을 받은 프랑스의 사상가들은 종교적 권위에 대한 회의와 반발은 물론 마침내는 무신론과 회의주의로 빠져들게 되었고, 그 결과 기독교에 대한 불신과 항거로까지 번지게 되었다. 프랑스 혁명이 이성적인 신앙을 표방하게 된 데는 오랜 사상사적 배경이 있었던 것이다.

로크의 정신이 프랑스에 들어오면서 나타난 또 하나의 변화는 왕권을 비롯한 정치적 권위주의에 대한 불신과 항거였다. 모든 인간은 태어날 때부터 평등하고 인권에는 높고 낮음이 없으며, 왕권과 군주정치는 선한 국민생활 및 서민의 복지정책에 어긋나는 한, 존속될 가치와 의미가 없다는 생각이 상식으로 자리 잡게 된 것이다.

계몽주의 사상은 인간의 존엄성은 무엇보다 우위에 있으며, 개인에게는 자유가, 사회에는 평등이 절대조건이 된다는 삶의 기준을 제시해 주었다. 이런 사상이 프랑스의 모든 지성인의 신념과 주장이 된 상황에서는 절대적 왕권과 종교적 권위가 지배층을 장악하고 있던 프랑스 정권은 도전의 대상이 될 수밖에 없었다.

프랑스의 정신사적 혁명을 주도한 사람들 중에 가장 대표적인 두 인물은 볼테르와 루소였다고 할 수 있다. 볼테르가 연장자였으나 둘은 같은 시기에 죽었다. 그들이 죽은 지 10여 년 뒤인 1789년 프랑스 혁명이 일어났다.

프랑스의 정신적 혁명 이끈 볼테르와 루소

볼테르는 역사상 가장 대표적인 계몽주의자였다. 그의 개인적인 생활 자체가 혁명가다운 면을 갖고 있었다. 독일의 라이프니츠가 "이 세계는 신의 섭리와 은총으로 영위되는 가장 조화롭고 완성된 존재"라고 주장한 것을 보고, 볼테르는 『캉디드』라는 작품을 발표해 신랄

한 비판을 쏟아부었다. 이 세계를 가장 선하고 조화로운 세계라고 믿고 있는 주인공이 모든 비참함과 비극을 겪으면서 허망한 사상의 노예가 되는 아이러니컬한 현상을 보여주었다.

또 그는 파스칼의 『팡세』가 많은 독자의 관심을 끄는 것을 보고 일고의 여지도 없는 눈 가리고 아웅하는 식의 글이라는 비난을 퍼붓기도 했다. 그런가 하면 루소의 『참회록』 전편이 사회적 평가를 받는 것을 보고는 그 내용의 허위성을 지적하며 후편은 좀 성실해졌다고 보는 사람도 있다고 지적했다.

볼테르는 많은 재산을 소유했으면서도 투기에 손을 댔다가 부자유한 신세가 될 뻔하기도 했다. 채권자에게 시달리자 상대방의 뺨을 때린 일까지 있었는데, 볼테르의 제자가 "세계 제일의 천재에게 따귀 맞은 것을 영광으로 생각하라"고 핀잔을 주었다는 이야기도 전해진다.

그는 인간의 이성은 '최고의 심판자'라는 확신을 심어 준 사람이었다. 그의 영향이 많은 프랑스인의 심중에 뻗치고 있었음은 말할 필요가 없다.

그러나 불행하게도 그는 지금까지 우리의 심금을 울리거나 지적 성찰의 대상이 되는 저서를 남겨 주지는 못했다. 당시 유행하던 백과사전식 지식의 깊이 없는 풍부성을 보여주었을 뿐이다.

이에 비하면, 볼테르와 같이 화려한 생활의 주인공도 되지 못했고 오히려 은둔적인 삶을 즐기면서 『인간 불평등의 기원』, 『사회계약론』, 『에밀』, 『참회록』을 남긴 루소의 업적은 더 긴 세월을 두고 우리에게 영향을 끼쳤다.

나는 불행하게도 루소의 저서에 깊이 빠져들지 못했다. 특히 그의 사회 및 정치문제에 관한 저서들은 내 분야가 아닌 것 같아 후일의 과제로 미루어둔 것이 오늘에까지 이르고 있다. 물론 어떤 내용이 들어 있는지 정도는 해설서나 요약된 내용을 통해 알고는 있다.

그런데 우연한 기회에 손을 댔다가 흥미롭게 읽게 된 것이 그의 『참회록』이었다. 루소의 전기로서도 흥미진진했지만, 『참회록』을 통해 그 당시의 사회 풍조와 루소가 주장하고 강조했던 문제를 엿볼 수 있어 다행이었다.

얼마 후에 교육철학 분야를 전공하고 있던 대학 선배인 고려대학교 왕학수 교수를 통해 꼭 읽어야 한다는 권고를 받고 『에밀』을 손에 잡았지만, 다른 일에 밀려 그 뜻을 이루지 못한 것이 후회스러운 일로 남아 있다. 왕 교수도 세상을 떠났으니, 그럴 줄 알았다면 왕 교수를 통해 간접적으로나마 해설이라도 들어 두었으면 좋았을 뻔했다.

로크의 자연주의적 인간성 계발을 위한 교육 이론이 루소에게 영향을 주었고 루소는 그 뜻을 받아들였다. 천재적 소질을 갖춘 루소가 소설 형식을 빌려 교육 이론과 철학을 전개시킨 『에밀』은 오늘날 우리 사회에서도 큰 의미를 갖는 교육 사상이라고 생각한다.

그러나 영국과 미국의 교육 사상은 루소와 상관없이 로크의 정신을 상당히 이어받고 있는 것이 사실이다. 위대한 사상을 등지거나 그것과 무관하게 사는 사람은 그만큼 불행해지는 것 같다. 루소는 확실히 천재적인 인물이었다. 그런 사람은 평범한 사회에 살면서도 폭풍을 일으키지만 변혁기에는 역사의 새로운 방향을 개척해 준다.

루소의 자연주의 교육관과 사색에 집중했던 쓸쓸한 말년

루소는 정상적인 교육은 거의 받지 못했다. 공교육이 보편화되어 있지 않았던 당시에 루소는 2년 동안 어느 목사의 집에서 기숙하며 사교육을 받았는데, 그는 자신의 교육을 맡았던 목사의 여동생이자 선생에게 자주 벌을 받았다. 하지만 루소는 벌을 받으면서도 그 여선생에게 연애 감정을 느꼈다. 루소는 자신이 그런 문제로 깊이 고민했다는 기록을 남겼다.

루소는, 자기는 생각하기 전에 느끼기부터 했다고 고백하고 있다. 극히 자연스러운 명제이지만 그것은 진실이다. 인간은 누구나 사고하기 전부터 느끼게 되어 있다. 그것을 이성주의자와 철학자가 공연히 지성이나 합리적인 사고가 우위에 있고 전부인 듯 꾸미고 있는 것이다.

사람들은 루소를 감정주의 철학자라고 보았는데 후에 낭만주의 사상가 모두가 그렇게 생각했다. 계몽주의 시대가 이성적 인간의 시대였다면 낭만주의 시대는 감정적 인간의 시대였다. 로고스는 오히려 인간이 만들어 낸 것이며 파토스와 카오스가 더 깊고 진정한 삶의 바탕이었을 것이다.

한때 루소는 음악에도 심취했던 것 같다. 그의 기록에 따르면, 자신이 직접 작곡한 오페라 음악이 연주되고, 그 연주회장에 귀부인들이 참석한 것을 보고 더없는 감격을 느꼈다고 서술하고 있다.

그는 결혼도 정식으로 올리지 않은 채 사실혼을 유지했다. 그가 여러 가문을 전전하면서 살았을 때 한 집안의 가정부에게 최근 프랑스의 여성들이 너무 성적으로 무책임하고 문란한 생활을 한다고 불평을 털어놓았다. 그 하녀는 왜 세상을 그렇게 보느냐면서 자신도 어떤 남성의 유혹에 빠진 일은 있어도 여성다운 정조는 소중히 여긴다고 고백했다. 그것이 계기가 되어 그녀와 결혼을 하게 되는데, 그녀는 첫 아기를 낳을 때까지 가장 기초적 지식에 속하는 달력조차 읽지 못했을 정도였다고 한다.

말년의 그는 약간 병적으로 사람들을 멀리했고 은둔생활을 즐겼던 것 같다. 숲속을 혼자 산책하고 있을 때, 그를 알아보는 사람이 인사를 하거나 말을 걸어오면 도망이라도 치듯이 자리를 피했다고 한다. 그 시절에 썼던 책이 바로 『고독한 산책자의 몽상』이다.

루소는 마치 자연 속에 소박하게 태어난 사람같이 여러 가지 문제에 부딪쳤고 사색했으며 거기서 그 해답을 얻은 사상가였다. 거기에는 어떤 사람의 학설을 계승한 흔적이나 꾸밈도 별로 보이지 않았다. 자연주의 교육관에도 그 뜻이 잘 나타나 있다. 인간은 자연스럽게 타고난 본성과 재능을 키워 가면 되는 것이다. 자연스러운 것에는 악이 없으나 인위적인 것에는 언제나 모순과 과오가 스며 있다고 보았다.

루소는 우리 사회가 해결해야 할 가장 큰 문제는 불평등이며, 그

문제를 해결하려는 의지와 노력을 사회계약설로 잘 밝혀 주었다. 혁명의 기운을 앞둔 프랑스인들에게는 큰 자극과 희망을 줄 수 있는 사상이었다.

물론 그가 말년에 인간 불신이나 혐오감 비슷한 것을 느낀 데에는 이유가 있다. 그는 스위스 제네바의 가난한 시계공의 아들로 태어나 가난 속에서 유랑하다시피 살았으며, 자유로운 사상 때문에 정신적 안정을 잃어, 한때 데이비드 흄(D. Hume)의 초청으로 영국으로 몸을 숨긴 일도 있었다. 그러나 영국인에게 프랑스인보다 더 거리감을 느끼며 불신에 사로잡힌 그는 프랑스로 되돌아왔다. 자극과 충격에 남달리 민감한 그는 항시 누군가에게 쫓기고 있는 것으로 착각했고 스스로 만드는 불안감에 사로잡혀 있었다.

지금도 제네바에 가면 레만 호수 한쪽에 있는 작은 루소섬을 볼 수 있다. 지금은 그 지역이 프랑스 영토가 아닌 스위스의 한 주(州)로 되어 있기 때문에 어떤 이들은 신학자 칼뱅과 더불어 루소를 스위스의 철인으로 생각하기도 한다.

나는 시간이 허락되면 여전히 거리감 없이 자연스러우면서도 소탈한 문장으로 얘기해 주는 루소의 저서들을 접해 보는 것도 의미 있는 일이라고 생각한다. 칸트도 루소의 『사회계약론』에 도취되어 산책 시간을 놓쳤다고 했고, 슈바이처도 프랑스어로 쓰여진 책 중에는 『사회계약론』 이상의 문장이 없다고 극찬했다.

나는 루소를 얘기하면서 우리 사회에도 폭넓은 성격의 계몽사상이 한 번쯤은 나타났으면 하는 바람을 가지게 되었다. 이성적인 수준을 넘어 자신도 모르는 이데올로기의 노예가 되어 행동하는 종교인에게는 자유와 평등의 가치를 찾을 수 있게 해주고, 자녀에 대해 잘못된 사랑관을 가지고 있는 대부분의 부모들에게는 자연스러운 인간성의 계발을 알려 주는 어떤 선각자의 출현을 크게 기대하게 된다.

우리는 혁명을 원하지는 않는다. 그러나 이성적인 판단과 자유와 평등을 누리는 사회에 대한 열망은 잃지 않아야 한다. 우리는 지금 사회적으로 이성적인 대화와 객관적 가치를 추구하려는 자연스러운 운동이 아쉬운 세대에 살고 있지 않은가 싶다.

개선과 개혁이 앞서는 사회에서 혁명은 뒤따르지 않는 법이다. 자아의 개성을 찾지 못하면 자유는 빛을 잃으며, 서로를 위하고 도우려는 인간 본성의 계발 없이는 평등이 보장될 수 없다는 사실을 자연스럽게 체감하게 되는 사회가 기다려지는 심정이다.

인류의 현재와 미래를 알기 위해
토인비를 읽다

나의 학창 생활은 행복한 편이 못 되었다. 고향 마을에는 4년제 초등학교가 있었고 한두 분의 선생이 전교생을 가르쳤다. 그래서 5, 6학년은 10리 정도 떨어진 다른 초등학교에 다녀야 했다. 역시 두 학년 이상이 한 교실에서 배우는 복식수업이었으므로 알찬 교육은 받지 못했다. 지금도 기억하고 있는 윤태영 선생이 참 열심히 가르쳐 주었기 때문에 졸업과 동시에 중학교에 갈 수 있었던 것 같다. 내가 다닌 초등학교가 김일성이 다녔다는 창덕학교였는데 내가 그 학교에 갔을 때 김일성은 이미 그 학교를 떠나고 없었다.

중학교는 평양에 있는 숭실중학교로 갔다. 그러나 불행하게도 그 학교가 민족정신을 고취한다는 이유로 일본 총독부에 의해 폐교의 비운을 겪어야 했다. 그래서 할 수 없이 평양 제3공립중학교로 개편되면서 완전히 일본식 교육을 받아야 했다. 가장 혹독한 일본식 교육이 이루어졌다.

대학에 가서는 자유로운 분위기에서 공부를 하고 싶었다. 2년의 예과 생활을 끝내고 3년에 걸친 학부에서 전공과목을 공부하게 되어 있었다.

그러나 태평양전쟁이 벌어지면서 한국 학생들은 학도병으로 끌려가야 했다. 학교 대신 군수공장에 보내져 보국대로 일하는가 하면, 전쟁 중의 어수선한 분위기는 학문과는 거리가 멀었다. 그 당시 동창생들의 3분의 1쯤은 그때 전선으로 나가 돌아오지 못했다. 1994년 치러진 졸업 50주년에는 졸업생의 10분의 1 정도가 출석했다는 소식을 들었다. 병으로 나오지 못한 이들도 적지 않았을 것이다.

정신적 불모기에 읽었던 토인비의 『역사의 연구』

이런 환경이었기 때문에 나의 학문 생활은 물론 독서도 계획대로 이루어질 수 없었다. 학문과 독서도 배가 고프지 않고 잠자리가 있을 때 가능한 일이다. 나의 독서 계획도 뜻대로 되지 못했고 전공과목을 위한 비중 있는 독서를 계속할 여건은 더더욱 되지 못했다.

그런 환경은 해방 때까지 이어졌고 해방 후에도 2년간은 북한에 있었기 때문에 독서다운 독서는 할 길이 없었다. 혼란과 무질서와 공산주의의 횡포가 모든 것을 좌우했다. 삼팔선을 넘어 대한민국으로 와서도 얼마 동안은 그런 분위기에서 지냈다.

또 책을 구한다는 것 자체가 참 힘들었다. 지금의 학생들에 비하면 우리는 정말 악조건에서 살았다. 계속해서 한국전쟁이 벌어졌으니 말해 무엇하겠는가. 거의 10년에 걸친 세월을 정신적 불모지에서 살아야 했던 것이 우리의 처지였다.

이 기간 동안 내가 인상 깊게 읽은 책 중 하나는 아놀드 토인비의 『역사의 연구』였다. 그 책은 너무 방대했기 때문에 내가 읽은 것은 서머벨(D. C. Somervell)의 축소 요약판이었다. 편자인 서머벨은 토인비의 책이 엄청난 분량이었던 탓에 토인비의 양해와 허락 아래 그 축소 요약판을 만들어 발간했다.

나는 복잡하고 다양한 그 책의 전체 내용이 아니라, 그가 역사를 어떻게 보았으며 왜 사람들이 그를 예언자라고 생각할 정도로 뜻깊은 사관을 전개했는지 알고 싶었다.

제1차 세계대전 이후에 제일 많이 읽힌 책은 오스발트 슈펭글러(O. Spengler)의 『서구의 몰락』이었고, 제2차 세계대전 후에 세계적으로 많이 읽힌 책은 『역사의 연구』였다. 또 꼭 그 책이 아니더라도 토인비의 사상은 인류의 현재와 미래를 암시해 주는 것 같은 인상을 풍겼다.

짐작컨대 세계대전과 같은 비참한 과정을 겪은 사람들은 앞으로 우리 세계가 어떻게 될 것인가를 걱정하지 않을 수 없었고, 그 암시를 제시해 줄 사람은 역사가라고 생각할 수밖에 없었던 것 같다. 슈펭글러가 그런 사람이었고 토인비가 그 책임을 감당했던 것이다.

지금 우리는 토인비의 역사관을 그대로 소개할 수도 없으며 꼭 그래야 할 필요도 없다. 다만 한 가지 이야기를 소개하기로 하자. 『역사의 연구』는 우리말로 두세 종류가 번역되어 있으나 일본어로는 일곱종의 번역서가 나와 있다. 한 출판사가 그 책을 완역한 뒤 일본의 한 원로 역사학자에게 토인비에 대한 인상 등을 써 주기를 청했다. 역사가가 보는 토인비를 소개하고 싶었던 것이다.

그 일본 역사학자는 이런 내용의 회고담을 남겼다.

그는 아주 오래전에 하와이에서 열리는 세계 역사학자 대회에 참석했다. 점심시간에 식탁에 앉아 식사를 하는데 한 준수한 서양 사람이 인사를 청하면서 맞은편 자리에 앉았다. 인사를 나눈 그는 그 역사학자에게, "당신은 지금 일본이 일으키고 있는 만주와 북지(화베이와 베이징 등 중국 북부)의 전쟁이 어떤 결과를 가져올 것으로 보느냐"고 물었다. 그는 별로 확고한 생각을 갖고 있지 않다고 말했다. 그랬더니 그 서양 학자가 "이 전쟁에 미국을 비롯한 여러 강대국이 참전하게 되고 마침내는 일본의 패배를 가져오는 결과를 낳을 것이다"라고 말했다. 그 말은 들은 일본 역사학자는 그가 좀 지나친 판단을 내리는 사람이라고 생각했다. 사실 역사학 교수들이라고 해서 꼭 그런 문제를 취급하는 것은 아니었기 때문이다.

그리고 긴 세월이 지났다. 토인비의 저서가 일본으로 소개되어 들어오기 시작했다. 그때 그 일본 역사학자는 책 표지에 있는 사진을 보고 어디선가 본 듯한 사람이라는 생각이 들었다. 결국 하와이 역사학회에서 만났던 기억이 떠올랐다. 그 뒤부터 그는 토인비의 책을 읽었고, 전쟁 후에 일본이 비참한 상황에 빠지는 것을 보고 그때의 토인비를 회상하곤 했다.

이 이야기는 토인비가 어떤 인물인지를 잘 알려 주는 에피소드 중 하나이다.

도전과 응전의 이론으로 집약된 역사관

토인비를 읽으면 참으로 많은 역사적 암시를 받는다.

그 무렵 네덜란드에는 페테르 헤일(P. Geyl)이라는 세계적인 역사학자가 있었다. 영국 BBC 방송국에서 토인비와 헤일의 대담 프로그램을 제작한 적이 있는데, 그것이 책자로 나와 독자들의 흥미를 끌었다. 거기에는 토인비의 역사관에 대한 솔직한 얘기가 잘 소개되어 있다.

헤일은 토인비에게 "당신의 역사관에는 기독교적 정신이 강하게 자리 잡고 있다고들 하는데 어떻게 생각하는가?"라고 물었다. 그러자 토인비는, "나는 경험주의 역사학자이고 내 사관을 귀납적으로 정리했는데 거기에 기독교적 정신이 자리 잡고 있다면 구태여 반대할 이유가 없겠다"고 말했다.

우리는 꼭 토인비의 사관을 비판하지 않아도 된다. 기독교는 유일하고도 전형적인 역사종교이며, 그 역사의식이 서구 사회를 지배해 왔다면 토인비도 그 울타리를 벗어나지는 않았을 것 같다.

그의 저서 곳곳에 나오는 비유에는 성서의 내용과 기록이 언제나 드러나 있다. 투구와 갑옷으로 중무장한 골리앗이 목동의 옷을 입은 연약한 소년에게 패하는 다윗과 골리앗의 얘기도 그렇다. 그는 인류 역사에서도 동물 중의 왕이었던 거대 파충류, 공룡 같은 강자는 망해서 자취를 감추고, 보드라운 피부를 가진 인류가 세계를 지배하고 있다고 설명한다.

그는 그것이 역사의 법칙이라며 굳어 버린 정신력이나 우상화한 제도 등은 사라지고, 여유 있고 유연한 새로운 삶의 소유자가 역사의 주도권을 갖게 된다고 말한다.

그의 '창조적 소수'의 이론에 따르면, 한 문명권이 계속해서 살아남고 지도력을 갖기 위해서는 창조적 정신력을 갖춘 소수가 계속 있어야 한다. 대중은 그들을 모방하면 되는 것이다. 그 창조적 소수는 정신적 지도력과 미래에 대한 도전의 주도력을 지녀야 한다.

나는 우리 사회가 천재 교육이나 수재 양성에 의도적으로 추진력을 쏟고 있는 것을 반대하지는 않는다. 그러나 미국과 같은 사회에서 12, 13세의 어린이들에게 여름방학을 이용해 자발적으로 수학이나 컴퓨터 교육을 실시하는 것을 보면 의미가 있다고 생각한다.

미국 학생들은 철학이나 수학과 같은 학문을 좋아하지 않는다. 그래서 그 분야의 많은 외국인이 학업을 끝낸 뒤 본국으로 돌아가 버리는 것을 막기 위해 다양한 혜택을 제공한다. 또한 어린이들, 즉 미국의 영주시민이 될 소년기에 수재 교육을 도와 창조력을 갖춘 아메리카의 소수 인재들로 키운다. 이러한 발상은 부러운 일이라고 생각한다.

지금도 미국은 자국을 이끌어 갈 창조력을 갖춘 소수의 지도자는 있어야 한다는 생각을 가지고 있다. 그것은 사단장이 훌륭해야 전투에 임할 때 승리하고, 사장단이 우수해야 기업이 성공할 수 있으며, 유능한 정책 입안자가 있어야 국가가 제대로 경영되듯이, 미국은 훌륭한 정신적 지도자가 있어야 한다는 것이 상식으로 되어 있다. 지도력을 갖춘 인물이어야 국민이 따르며 협조함으로써 국가가 운영되기 때문이다.

토인비의 역사관 가운데 가장 비중이 큰 부분은 '도전과 응전'에 대한 이론이다. 어떤 문명권이나 사회든 대내외적인 도전을 받도록 되어 있다. 옛날에는 자연으로부터의 도전도 있었고 주변 사회나 국가의 도전도 있었다. 그 도전에 응전해 성공하면 그 사회는 지속적인 성장과 발전을 유지할 수 있다. 그러나 그 응전에서 패하면 퇴락의 길을 걸어야 한다. 모든 사회는 유기적 생명체의 생존 법칙과 비슷해서 태어나 자라고 노쇠했다가 해체되는 과정을 밟는다.

나는 그 대목을 읽을 때 우리가 흔히 말하는 지정학적 조건에 지나치게 관심을 두지 않았나 하는 생각을 가져 보았다. 사람들은 우리 민족이 강대국인 중국·러시아·일본의 중간에 끼어 있으면서 언제나 그 주변 나라들의 도전을 받을 운명이라고 말하곤 한다. 일본에 의한 지배의 역사가 바로 이를 증명하고 있다는 것이다.

그러나 한편으로는 오히려 그런 지리적 위치에 있기 때문에 그 도전들에 대응할 수 있으며, 나아가서는 선진국 대열에 진출할 수 있다는 것도 생각해 봐야 한다.

만일 우리나라가 동남아 어떤 섬이나 지역에 자리 잡고 있어 그런 자연조건에 만족하고 주변 나라들의 도전을 받지 못했다면 오히려 민족적 생존이나 문화유산도 없는 후진국가가 되지 않았을까.

우리는 제2차 세계대전 이후에 가장 여건이 나빴던 일본·독일·이스라엘이 가장 강인한 정신력을 갖고 경제와 사회를 발전시켰다는 점을 상기해야 할 것이다. 문제는 도전에 패하느냐, 아니면 응전해서 승리하느냐 하는 것이다.

젊은 세대가 토인비를 읽어야 하는 이유

토인비를 읽는 사람들이 토인비의 역사적 이론이나 그 해석을 그대로 받아들이지는 않는다고 하더라도 그로부터 무한히 많은 암시를 받는 것은 사실이다. 러시아에서 미국 하버드대학교에 와 있던 세계적인 사회학자 피티림 소로킨(P. Sorokin)도 그 점을 수긍하고 있다. 나는 토인비와 헤일, 토인비와 소로킨의 대화와 토론 내용을 대단히 좋은 느낌으로 읽었다.

부끄러운 이야기지만, 나는 1994년에 『역사철학』을 저술한 적이 있다. 오랫동안 대학에서 강의했던 내용을 일반 독자들에게 전달하고 싶어 집필했었다. 내가 역사철학에 관심을 갖게 된 이유는 역사와 철학적 사고의 중간 위치를 차지하는 토인비에게 얻은 암시가 컸기 때문이다. 대부분의 역사학자는 역사를 위한 역사에 머물며, 철학자는 자신의 철학을 위해 역사 이론을 전개시킨다. 아우구스티누스의 『신국』은 기독교 철학의 부산물이었고 헤겔의 『역사철학』은 변증법적 사관의 유산이었다.

대개의 철학자는 역사 자체에 대해 깊이 알지 못하며 역사가는 철학적 이론이 빈곤한 법이다. 그래서 서로 비난하고 배척하기도 한다. 그러나 역사 자체의 철학적 이해가 필요하다면 객관성이 주어질 수 있을지 모른다.

역사철학이 우리나라에서 비중 있게 등장한 것은 1960년대쯤의 일이다. 마르크스의 사상이 유물사관이라는 점이 간접적으로 작용했을 것이다. 그러나 역사학자들의 역사 이론은 여러 면에서 취급되고 있어 다행이지만, 불행하게도 저자 자신의 견해를 확실히 밝힌 역사철학은 찾기 어려운 것 같다.

어쨌든 나는 토인비에게서 얻은 바가 컸기 때문에 역사사상을 배우기 위해서도 젊은 세대가 토인비를 읽었으면 좋겠다고 생각한다. 물론 꼭 그의 이론을 수용하거나 따르라고는 말하지 않겠다. 그러나 지성인의 독서를 위해서는 권하고 싶은 책 중의 하나이다.

역사 이야기가 나왔으니 하는 말인데, 우리는 역사 속에 살면서도 역사를 너무 모르거나 역사와 무관하게 살고 있는 것 같다는 반성을 하게 된다.

Part 3.

책과 함께 사색을 즐기다

역사적 맥락에 따라
서양 철학 읽기

몇 해 전 국문학을 전공하는 한 제자가 찾아왔다. 나는 별로 큰 뜻이 있었던 것은 아니지만, 그에게 가능하면 관심이 있는 한 작가를 택해 그에 관한 독서와 연구를 해보라고 권했다. 그러면 그 연구의 대상이 되었던 작가가 한 이정표가 되어 그를 중심으로 다른 작가들을 관찰하며 비판하는 거점이 생길 것이기 때문이었다.

그런 작업은 너무 일찍 시작해도 좋지 않고 너무 늦어도 성과가 적을 것이다. 너무 이르면 그 연구 대상 인물에 빠져 버리고 말아 더 큰 발전이 이루어지지 않으며, 너무 늦으면 자신의 학문적 발전에 지장을 가져올 수 있기 때문이다.

내가 제자에게 그런 이야기를 한 것은 대학의 철학과를 지망했을 때 시도해 본 경험이 있었기 때문이다.

철학 연구의 이정표가 되어준 칸트

내가 일본에서 대학을 다니던 무렵 일본 철학계는 완전히 독일 철학의 지점이나 출장소 같은 위치에 있었다. 영·미 계통 철학은 어쩐지 철학답다기보다는 고상한 교양 같은 인상이었고, 프랑스는 꾸준한 전통 없이 특이한 개인들이 중심을 이루고 있었기 때문에 큰 비중을 차지하지 못했다. 앙리 베르그송 같은 철학자가 다루어지고 있는 정도였다.

당시 독일 철학에 대한 관심은 대단한 것이었다. 신칸트 학파의 철학자들이 소개되는가 하면, 삶(生)의 철학, 즉 생철학자들의 저서가 쏟아져 들어왔다. 마르틴 하이데거(M. Heidegger)를 비롯한 현상학파의 흐름을 탄 실존철학자들의 영향도 대단했다.

그런 상황에서 나는 그중 누구를 택하는가에 관심을 두지 않을 수 없었다. 그런데 막상 그 당시 일본 철학의 주류를 형성하고 있던 독일 본고장에서는 여전히 칸트와 헤겔 등이 대학 강의의 중심을 이루고 있었다. 아직 살아서 활약 중인 철학자보다는 그들을 키워 낸 선인들의 저서가 연구의 대상이 되고 있었던 것이다.

그런 생각을 하다가 철학도라면 누구나 거쳐야 할 대표적인 사람인 칸트를 떠올리게 되었다. 적어도 칸트를 알게 되면 칸트가 하나의 이정표가 되어 나의 철학적 연구 활동의 지표가 될 것이라는 생각을 굳혔다.

그 생각과 선택에는 잘못이 없었다. 그러나 칸트를 읽는 동안에 두 가지 난관에 부딪쳤다. 철학에 대한 나의 역사적 견해와 연구가 부족하다는 사실이 그 첫째였다. 칸트에 대한 역사적 이해가 없이 그의 철학과 체계를 이해하는 것은 옳지 않음을 느꼈던 것이다. 당시 우리나라에서 하이데거에 관한 연구가 활발히 전개되고 있었는데, 나의 칸트 읽기는 마치 키르케고르나 니체를 모르는 채 하이데거를 연구하는 것이나 마찬가지였다.

한때 신학계에서는 바르트가 대단한 비중을 차지했다. 그가 미국을 방문했을 때 《타임》지에서는 로마의 교황이 미국을 찾은 것보다 더 관심을 모을 것 같다고 얘기할 정도였다. 그러나 키르케고르와 무관하게 바르트를 이해한다는 것도 역사적 타당성을 갖지 못하는 일이다.

이런 난점은 서양 철학을 전공하는 우리나라 학자 모두의 고민거리다. 기독교를 모르면서 서양 철학을 논한다는 것은 공자나 유교를 모르면서 동양 정신이나 철학을 얘기하는 것만큼이나 잘못된 일이다.

마르크스는 종교를 반대하는 사상가였다. 그러나 그의 사상을 형성한 큰 원동력은 기독교 전통에 있었음을 잊어서는 안 된다. 마르크스는 기독교 정신을 반대하기 위해 자기 사상과 철학을 구상했다. 스탈린도 청소년기에는 신학도였다. 기독교를 받아들이거나 배척하는 것은 자유다. 그러나 기독교를 모른다면 사상적 정당성을 갖지 못한다.

결국 칸트가 독립된 봉우리가 아닌 큰 산맥 중의 한 거봉임을 알게 되면서 나는 역사적 고찰과 연구가 앞서야 한다는 생각을 하기에 이르렀다. 칸트 이전을 알아야 칸트를 이해할 수 있고, 칸트를 알아야 칸트 이후를 알 수 있다는 결론에 이른 것이다.

둘째 고민은 칸트를 공부하다 보면 나 자신이 칸트 철학 속에 빠져 헤어나올 수 없게 될 것이라는 우려였다. 지금의 우리 실정도 비슷하나 그 당시 대부분의 일본 철학도들은 자칭 칸트 연구가나 헤겔 전문가 등이 되어 있었다.

심지어는 헤겔의 어떤 개념 하나를 놓고 심한 격론이 벌어지는가 하면 하이데거의 철학적 개념을 어떻게 번역해야 하는가를 철학 잡지에서 취급하기도 했다. 좋은 일이지만, 내가 철학 공부를 시작할 때부터 그런 위치에 놓인다면 나의 학문적 장래가 어떻게 될까 하는 두려움 비슷한 것을 느꼈다.

사실 영·미 계통의 철학자는 칸트에 관해 그리 큰 비중을 두지 않았다. 프랑스의 철학자들도 마찬가지이다. 그뿐만 아니다. 동양 철학이나 한국과 일본 철학을 연구하는 사람들은 칸트와 무관하게 살아가고 있다. 이런 상황을 알면서 아직 병아리 철학도인 내가 너무 일찍 독일 철학, 그것도 칸트에게만 매달리는 것은 지혜롭지 못하다는 판단을 내리게 된 것이다.

철학 자체가 역사를 만든다

이런 문제를 놓고 고민하던 나는 그 일이 잘못되지는 않았으나 다른 독서의 길을 찾아봐야겠다고 생각했다. 그래서 찾아 낸 방법이 가급적 서양 철학을 역사적으로 고찰해 본 뒤에 개인 철학자의 연구에 착수하자는 계획이었다.

그렇게 되면 두 가지 가능성이 열리게 된다. 그 하나는 객관성 있는 철학사를 읽을 수 있게 되고 다른 하나는 서양 철학의 대표적인 인물들의 주요 저서를 어느 정도씩은 읽을 수 있게 된다. 불행하게도 동양 철학이나 한국 철학은 관심 밖으로 돌릴 수밖에 없었다.

사실 그 당시에 중국 철학이 활발히 연구되고 있었고, 인도 철학과 불교 철학을 전공하는 학자들도 많이 있었다. 그러나 한국 철학의 연구는 아직 무대에 오르지 못하고 있던 때였다.

나는 우선 두 종류 정도의 서양 철학사를 읽기 시작했다. 너무 주관적인 해석을 가미한 것보다는 철학자들의 사상을 객관성 있게 다룬 것을 택했다. 일본 철학자들의 철학사도 여러 권 있었으나 지금의 한국 학자들의 수준과 큰 차이가 없었다. 역시 독일 철학자들 가운데서 고르는 편이 좋을 것 같았다. 영국 철학자들은 영국 중심의 철학을 택했고, 프랑스의 철학자들은 지나치게 주관적인 평을 강조했기 때문이다.

이런 생각을 하다보면 서양 철학을 전공하려는 한국의 철학도들은 불행하다고 볼 수밖에 없었다. 우리 것이 아닌 학문 중에서도 그 어느 한 흐름과 개인을 택해야 하기 때문이다.

다행히 당시 많이 읽히고 있던 카를 포어랜더(K. Vorländer)의 서양 철학사를 공부하게 된 것이 큰 도움이 되었다. 그는 칸트 철학을 비중 있게 다룬 철학자였다. 그리스의 고대 철학에서 칸트까지의 철학사를 다룬 저서들 가운데 가장 객관적이고 치우침이 없는 역사적 서술을 했다고 평가받았다.

그러나 그의 칸트 이후의 철학사는 조금 부족했다. 특히 헤겔 같은 세계적 철학자를 소개하는 데 있어서도 만족스럽지는 못했다. 그래서 칸트 이후의 부분들은 현대 철학 해설자들의 저서를 택했다.

그 길지 않은 기간의 노력은 나에게 큰 도움이 되었다. 모든 학문의 역사적 고찰이 얼마나 중요한가도 깨닫게 되었다. 그리고 철학의 역사적 고찰과 체계적 연구 중 하나가 있어야 한다는 생각에 도달하게 되었다. 모든 학문과 더불어 철학도 역사의 산물인 동시에 그 자체가 역사를 만들어 간다는 사실을 접하게 되었던 것이다. 긴 세월이 지난 후에도 역사의식과 어떤 문제에 대한 역사적 고찰에 관심을 갖는 계기가 된 것도 사실이다.

철학의 역사적 이해를 통해 얻은 수확

철학을 역사적으로 고찰한다는 것에 대한 기대가 커지자, 나는 서양 고대 철학에서 현대 철학에 이르기까지 대표적인 철학자들의 중요한 저서를 개략적이나마 살펴보려는 계획을 추진했다.

만일 그 당시에 오늘날과 같이 여러 철학자의 대표 저작을 요약한 저서들이 있었다면 큰 도움이 되었을 것이다. 미국에 가면 학생들의 편의를 위해 고대 철학, 중세 철학, 근대 철학 등 각 시대별 대표 저서들의 핵심 내용을 모아 놓은 발췌집이 많이 나와 있다. 그러나 내 경우에는 각각의 부분들을 직접 찾아 가면서 읽어야 했다. 그리고 아직 철학과에 들어가 깊이 있는 강의를 들은 때도 아니었다.

지금 일반적인 독자를 위해 그 번거로운 내용을 소개할 필요는 없으나, 누구의 어떤 책에는 무슨 내용이 들어 있고, 그 철학적 과제가 누구에게 계승되어 오늘날에 이르고 있다는 것을 깨닫는다는 것은 대단히 중요한 것이었다. 서양의 철학도들은 누구나 알고 있는 역사적 맥락을 내 주변의 학생들은 그냥 넘어가는 경우가 많음을 알게 되었다.

만일 아리스토텔레스와 토마스 아퀴나스를 이해하는 사람이 헤겔을 읽는다면 서양 철학의 큰 맥락에서 그들이 어떤 위상을 차지한다는 것을 쉽게 이해할 수 있을 것이다. 그러나 우리 주변에는 토마스 아퀴나스를 이해하는 사람이 너무나 적다. 그의 사상은 스콜라 철학에 속하며 기독교 철학이기 때문에 쉽게 우리의 철학적 과제와는 무관한 듯이 생각해 버리는 것이다.

헤겔을 모르고 포이어바흐를 읽지 않은 사람이 마르크스만을 얘기한다면 거기에는 적지 않은 위험이 도사리고 있다. 나 같은 사람은 가난하게 자랐고 현실에 대한 비판의식이 적지 않았으므로, 마르크스를 읽을 때 공감과 추종의 가능성을 지니고 있었다. 그러나 헤겔 이후 좌파의 탄생, 포이어바흐의 철학 등을 알았기 때문에 마르크스의 이론은 절대주의 시대의 산물이며 그 자체가 사회 이념으로서 완

벽하거나 최고의 이론이라고는 생각지 않았다.

역사적인 산물은 역사성을 극복하기 어렵다. 먼 훗날 공산주의가 한창 팽창하고 있을 때 역사가 토인비나 철학자 야스퍼스가, '이데올로기는 100년을 갈 수 없으나 종교가 남기는 불행은 더 영구한 것'이라고 평하는 것을 보고 그 점을 쉽게 인정할 수 있었다.

내가 대학에서 강의할 때, 독일관념론을 취급했고 그때마다 칸트에서 헤겔을 역사적으로 해설할 수 있었던 것은 역사적 이해의 도움을 얻었기 때문이다. 역사적 해석은 각자가 내려야 하나 그 타당성은 객관적으로 인정받아야 하는 것이다.

물론 역사성의 영향을 덜 받는 철학 분야가 있다. 논리주의 철학이나 과학성을 띤 철학이 그 부류에 속한다. 그렇다고 해서 그것의 역사적 연구가 불필요하다거나 무의미한 것은 아니다.

역사적 순서에 따라 철학의 중요 저서를 읽는 작업은 상당히 긴 세월이 필요했다. 예과를 끝내고 학부에 가서도 대학 강의의 부수적인 독서를 계속해야 했다. 그러나 그 노력은 헤겔에서 일단 끝냈다. 헤겔 이후부터는 선택이 필요했기 때문이다.

저서들의 분량도 플라톤에서 헤겔까지는 한두 흐름을 따를 수 있어도 헤겔 이후부터는 그 내용이 등비급수로 늘어났기 때문에 다 감당할 수도 없었고, 또 그렇게 할 필요성도 느끼지 않았다. 분열된 학파도 많았던 데다, 독일·영국·프랑스·미국의 철학이 모두 등장하기 때문에 자연히 손을 댈 수가 없었다. 그것은 강물이 한 줄기로 흐를 때는 그 흐름을 따를 수 있어도 바다로 흘러들면 뒤따를 수 없는 것과 마찬가지이다.

그러나 청강과 병행한 나의 독서생활은 큰 의미가 있었다. 적어도 근대 철학까지는 나 나름대로의 정견을 갖고 관찰할 수 있는 능력이 생겼기 때문이다. 물론 전문적인 비판능력이 생긴 것도 아니고 내가 철학사를 새롭게 해석하는 일은 불가능했다. 그러나 모든 철학사와 철학을 제자리에서 관찰할 수 있었다는 것은 큰 도움이 아닐 수 없었다.

그렇다고 해서 다른 사람들에게 내가 시도했던 방법 그대로 노력을 기울여 보라고 권하지는 않았다. 다만, 같은 시간에 같은 노력을 통해 얻을 수 있는 최선의 결과가 아니었던가 하고 자위하고 싶을 뿐이다. 그런 노력을 쏟았기 때문에 대학에서 듣는 강의를 훨씬 쉽게 이해할 수 있었고, 개인적인 편견에 빠지지 않는 자신의 의견을 주장할 수 있는 위치에 서게 되었다. 물론 상반되는 위치의 단점과 허점도 있었을 테지만, 별로 후회는 하지 않는다.

건전한 역사의식을 일깨워 준
몇 권의 책들

일제강점기 말의 일이다. 도쿄대학교에 야나이하라 다다오(失內原 忠雄)라는 정치학 교수가 있었다. 그는 한때 일본 지성계와 사상계를 이끌어 온 성서학자 우치무라의 후계자였다고 평가된다. 흔히 사람들은 그 계통의 지도자들을 성서 연구가들인 동시에 무교회주의자라고 부르기도 했다.

당시 도쿄대학교 교수 대부분은 시기적으로 국립대학의 교수답게 친정부적인 학자가 많았다. 그러나 야나이하라 교수는 기독교 정신에 입각해 있었기 때문에 일본 군벌의 대륙 침략을 마땅치 않게 여기고 있었다. 그는 일반 교수들은 상상할 수 없을 정도로 반정부적인 발언을 서슴지 않았다. 한때 공개석상에서 기도를 하면서, "일본의 이상을 살리기 위하여 먼저 이 나라를 장사지내게 해주십시오"라고 말했을 정도이다.

그는 그 뒤 곧 도쿄대학교 교수직에서 추방당해 연금 상태의 생활을 강요받았고 일본이 중일전쟁을 일으키는 것을 보고 정부를 맹렬히 비판했으며 반전사상과 운동을 적극 펼쳐 나갔다.

정부와 군부는 물론 우익 테러분자들의 타도 대상이 되었을 정도로 힘든 세월을 보내면서도 그는 꾸준히 기독교 정신을 전개했고, 일본의 진로가 크게 잘못되고 있음을 문필로 보도하는 일을 계속했다. 사랑하는 몇 명의 제자들은 일요일 아침마다 집에 찾아와 함께 성경 공부를 계속 이어갔다.

진정한 크리스천은 역사인임을 보여준 야나이하라

태평양전쟁이 끝나기 한 달 전에 그는 거의 순교를 각오하면서 기독교 정신에 입각한 일본의 이상을 호소하고 있었다. 그는 유언장 비슷한 글 속에서, "내 말이 보존되어 후세에 증거가 되기를……"이라는 염원을 남겼다.

종전이 되었다. 일본의 전쟁 범죄자를 재판하는 자리에 공식적으로 두 사람이 증언대에 섰다. 국외에서는 중국 청의 마지막 황제이자 일본이 세운 괴뢰 정부 만주국의 황제였던 푸이(溥儀)가 초청되고 국내에서는 자유를 빼앗기고 있던 야나이하라 교수가 유일하게 증언대에 섰다. 그 뒤 그는 도쿄대학교 교수들이 선출하는 민선 총장으로 추대되어 일본 학계와 사상계에 큰 충격을 주었다. 그리고 많은 지성인에게 살아 있는 진리의 수호자로 존경을 받았다.

그 후에 민선 총장으로 뽑힌 사람은 하야시 겐타로(林健太郞)라는 원로 역사학 교수였다. 대학에 있을 때 역사학을 전공하고 출판사를 경영하고 있던 친구가 찾아와 그 하야시 교수의 『역사학 개론』을 보여주면서 우리말로 번역하면 어떻겠느냐고 제안했다. 그는 일본에서 대표적인 서양사학자였다.

나는 그 책을 읽으면서 기대했던 것보다 내용이 빈약하다고 생각했다. 역사학의 개론적인 설명은 좋았으나 아무 생명력도 사관도 없었기 때문이다. 결국 우리는 번역을 포기하고 말았다.

그때 나는 정치학자인 야나이하라 교수보다 역사학자인 하야시 교수가 역사의식과 역사관이 더 빈곤하다는 사실을 발견했다. 거기에는 몇 가지 이유가 있었으리라 짐작한다.

하나는, 하야시 교수는 역사를 객관적으로 연구한 역사학자였지만, 야나이하라 교수는 역사 속에서 역사적 현실에 맞서 싸워 온 역사인이었기 때문이다.

다른 하나는, 야나이하라 교수는 기독교가 얼마나 오래된 역사적인 종교인가를 나름대로 견지하고 있었다는 점이다. 진정한 크리스천은 역사인이 될 수밖에 없다는 것이 그의 사상적 배경이었다.

내 친구 한 사람은, "우리나라에서도 반정부적이거나 정부를 비판해 온 국립대학의 교수들은 두 부류가 있다"며 "그 하나는 재야 세력이고 다른 하나는 크리스천 교수들이었다"고 얘기한 적이 있다. 그 말이 맞는지는 잘 모르겠다. 그러나 대학생들이, 대학 교수들 중에

학자는 있어도 사상가는 없다는 것을 지적하는 이유가 성립될 법도 한 일이다.

나는 야나이하라 교수의 책보다 그의 선배인 우치무라의 책을 더 많이 읽은 편이다. 내가 대학생 때는 대부분이 그랬다. 그러나 야나이하라 교수의 『마가복음 연구』와 『묵시록 강해』는 기독교에 관한 책이지만 상당히 깊이 공감하며 읽었다. 그 속에 깔려 있는 역사의식에 깊은 감명을 받았다. 그는 미래의 일본을 위해 오늘의 일본을 누구보다도 신랄히 비판하는 진정한 애국자이기도 했다.

이런 글을 쓰는 것은, 내 독서와 사상에서 역사의식이 적지 않은 비중을 차지하게 되었고, 그렇게 된 원인의 하나는 기독교적 정신의 혜택을 직간접적으로 받았다는 사실을 자인하기 때문이다.

역사 무지의 정치는 역사 부재의 사회를 낳는다

오랜 세월이 지난 후에 나는 대학에서 역사철학을 강의하면서 여러 권의 책을 더 읽게 되었다. 그중에서도 일반적인 책으로는 윌리엄 월시(W. H. Walsh)의 『역사학 입문』, 로빈 콜링우드(R. G. Collingwood)의 『역사의 이념』, 카를 뢰비트의 『역사에 있어서의 의미』 등이 있었고, 누구에게나 권하고 싶은 책은 역시 에드워드 카(E. H. Carr)의 『역사란 무엇인가』였다. 카의 『역사란 무엇인가』는 세계적으로 많이 읽혔을 뿐 아니라 우리나라에서도 여러 종류의 번역이 나온 재미있는 책이다.

이 책은 케임브리지대학교의 역사학 교수였던 그가 1961년 강의한 내용을 엮은 것이다. 당시의 강연 내용을 청중을 위해 쉽게 풀이해 주며 설명하고 있어 독자의 흥미를 끄는 책이다.

그 책의 장점은, 역사학자가 과학적 역사학의 문제를 역사철학의 현관까지 이끌어 준다는 점이다. 철학자들의 위치에서 본다면 철학적 빈곤을 느낄지 모른다. 그러나 사학자들의 입장에서 본다면 사학의 영역을 벗어나려는 모험을 저지르는 것 같은 인상을 받을 것이다. 그렇기 때문에 그 책의 생명과 의미가 돋보인다.

전체적으로 저자가 역사학과 역사철학 사이에서 느끼는 관계의식과 고민이 잘 엿보인다. 그 책의 결론적 과제는 역사의 더 높은 지평을 암시하려는 데 있다.

먼저 얘기한 하야시 교수의 책에 비하면 생명력이 있고 역사의식을 강렬히 풍기는 책이다. 그러나 문제의식을 제기한 책이라는 점에서 깊이 연구할 성격이라고 느껴지지는 않았다. 그 책을 읽은 역사학자들은 본연의 임무로 돌아갈 것이며, 그 내용을 안 역사철학자들은 더 깊은 과제로 방향을 바꿀 것이다.

나는 이런 독서 과정을 거쳤기 때문에 독자들에게 역사 공부를 하라고 권할 자신이 없다. 그러나 몇 권의 역사책을 읽고 어떤 역사관에는 도달하지 못하더라도 나름대로의 역사의식은 가져야 한다고 생각한다.

지나친 발언이 될지는 모르겠으나 만일 우리나라의 역대 대통령들이 역사 공부를 했거나 어느 정도의 역사의식을 갖고 있었다면 우리나라의 민주주의와 사회이념의 진로에 적지 않은 변화가 있었을 것이다. 역사 무지(無知)의 지도자들이 정치를 하게 되면 역사 부재(不在)의 사회를 만들게 되며, 그 결과 민족과 국가의 성장에 큰 지장을 초래하게 되는 것이다.

일관된 견해와 객관적 사관 갖춘 역사책의 필요성

외국에서 중·고등학교 때 역사 교육을 보편화하면서도 강화하는 이유를 짐작할 수 있을 것 같다. 여기서 독자들에게 전하고 싶은 메시지는 역사의식이나 역사관에 접근할 수 있도록 도움을 주는 역사책을 읽으라는 것이다.

오래전 『한국통사』를 쓴 내 친구 한우근 교수를 만났을 때의 이야기다. 그는 나에게, "만일 내가 소설가였다면 이성계를 주제로 한 소설을 하나 쓰고 싶었는데, 그렇게 되지 못해 역사학 교수가 되었으니 한국사를 한 권 꼭 쓰고 싶다"고 말했다.

나는 그의 뜻을 잘 이해하면서도 "S선생의 한국사나 L교수의 좋은 한국사가 있지 않느냐"고 말했다. 한 교수는 "모두 우리의 좋은 선배 교수들이기는 하나, 그 책들이야 아직 역사 이전에 머무는 것들이지요. 역사적 사건을 연대순으로 나열한 것밖에 없지 않아요?"라고 반문했다.

그렇다. 국사를 처음 연구하는 사람은 사료를 개발해 정리하는 일에 열중하게 된다. 사료가 없는 역사는 출발부터 불가능하기 때문이다. 그렇다고 해서 사료의 조사나 연구 자체가 역사의 전부라고는 말할 수 없다. 그것은 역사를 위한 준비 단계라고 보아야 한다.

이때 탄생하는 역사책은 역사적 사건을 연대순에 따라 배열한 것이다. 언제 무슨 사건이 일어났으며, 그 사건의 원인과 과정과 결과는 어떠했다는 내용이 중심이 된다. 한 교수의 말은 그때까지 있었던 역사책들이 그 단계에 속한다는 지적이었다.

그러면 그다음 세대의 역사가들이 써야 할 책은 어떤 것인가. 일관된 견해와 객관적인 사관을 갖고 쓴 책이다. 그렇게 저술된 책으로는 이기백 교수의 『한국사신론』이나 한우근 교수의 『한국통사』를 들 수 있다.

그렇다고 주어진 사료를 지나치게 주관적인 견해나 사관으로 끌어들여 목적의식이 있는 역사를 만드는 것이 꼭 바람직한 것은 아니다. 일제강점기 무렵 연세대학교의 백남운 교수가 『조선사회경제사』를 내놓은 일이 있었다. 대단히 주목할 만한 책이었다. 일본어로 출판되었음에도 적지 않은 독자들의 관심을 끌었다.

그러나 그 책이 마르크스주의적 견해를 가지고 한국사를 조명한 점을 높이 평가하는 사람도 있었지만, 그 분야 밖의 사람들이 본다면 반드시 공감이 가는 내용은 아닐지도 모른다.

지금도 그런 예는 얼마든지 있다. 좌익 계열에 속하는 사람의 역사관은 객관성을 잃었거나 어떤 목적의식에 역사를 뜯어 맞추는 식의 역사를 서술하는 경우가 있다. 일본에는 그런 역사학자들이 더 많았다. 한때 좌파 학자들이 대단히 큰 세력을 차지한 시기가 있었다.

그래서 역사책다운 역사책을 골라 읽는다는 것은 생각보다 어렵다. 에드워드 카도 그런 고민을 털어놓았다. 주관적 견해가 없으면 역사의 생명이 없고, 객관적 사건처리에 붙잡히면 역사의 의미와 뜻이 빈약해진다. 역사학자들의 고민거리인 동시에 역사책을 골라 읽어야 하는 독자들의 어려움이기도 하다.

그것은 문학에서도 마찬가지이다. 순수한 문학이나 예술성이 앞서는 작품보다 이데올로기나 정치적 목적에 맞추어 쓴 작품이 적지 않기 때문이다. 그것을 잘 가리지 못하면 생각 없이 읽었던 책 때문에 갑자기 진로를 바꾸게 되는 일도 적지 않다.

한때 재야 세력이나 운동권 학생들이 의도적으로 그 길을 열어 가기도 했다. 그것은 마치 특정 종교를 믿는 사람들이 종교적 편견을 가질 수 있는 것 같이 바람직하지 못한 결과를 낳기도 한다.

그렇다고 해서 좋은 역사책을 외면해서는 안 된다. 가장 필수적인 독서의 하나로, 건전한 역사의식을 일깨워 주는 역사책은 몇 권 정도 읽어야 한다. 함석헌 선생의 『뜻으로 본 한국역사』도 그런 점에서 권할 만한 책 중 하나이다. 함 선생 자신이 역사학을 공부했으며, 기독교 사상의 소유자였음을 고려했을 때 한 번쯤 읽어볼 만한 책이 아닐까 싶다.

앞서 소개한 토인비는 그런 점에서 크게 도움을 주는 역사학자이다. 꼭 『역사의 연구』가 아니라도 좋다. 토인비의 문명 비평이나 역사 이야기는 우리에게 상당히 좋은 메시지를 주는 내용들이다.

한때 미국인들에게 정신적 영향을 준 니부어도 주목할 만한 역사가였음을 상기한다면 깊이 있는 내용의 역사책은 앞으로도 계속 읽어야 할 독서 분야임을 말하고 싶다. 적극적으로 찾아서 읽는 노력이 아쉽다.

전쟁 상황에도 계속된
심금을 울린 독서

한국전쟁 때의 일이다. 부산 시내를 전차로 달리고 있는데 내가
앉은 자리 앞에 서 있던 두 젊은이의 이야기가 들려 왔다.

"나 요사이 아주 감명 깊은 책을 읽었어. 인간과 전쟁과 역사를 새
롭게 생각하게 해주는 책이야."

"무슨 책인데?"

"게오르규가 쓴 『25시』라는 작품이야."

"그렇게 충격을 준 책이야?"

"적어도 나에게 있어서는 그랬다니까."

나는 그들의 얘기를 들으면서 지금과 같은 전쟁 상황에서 그 책을
읽는다면 꽤 충격적이었을 것이라고 생각했다. 나도 그 책을 읽을 때
비슷한 느낌을 받았으니까.

그리고 전쟁 중에 독서를 할 수 있었던 그 젊은이들을 보며 흐뭇함을 느끼기도 했다. 언제 전쟁터로 나가야 할지 모르는 상황에서 책을 읽을 수 있는 정신적 여유가 있다니 얼마나 고마운가.

전쟁에 대한 혐오 그린 게오르규의 『25시』

30여 년 전의 일이다. 바로 『25시』의 작가인 콘스탄틴 게오르규(C. Gheorghiu) 신부가 한국을 방문했고, 내가 재직하고 있는 연세대학교 강당에서 강연을 했다.

강연회가 끝난 뒤, 교수 몇 명이 그를 중심으로 점심을 함께하는 시간도 가졌다. 그때 게오르규 신부는 자신이 문제의식을 던진 시기가 전쟁 후였기 때문에 예상 밖으로 많은 독자에게 삶을 반성하는 기회를 주었던 것 같다고 말했다. 그러나 지금도 프랑스에서는 이데올로기가 다른 작가들 사이에서 논란이 계속되고 있다는 얘기를 했다.

나도 동석했다가, 장 폴 사르트르(J. P. Sartre)나 모리스 메를로 퐁티(M. M. Ponty) 같은 훌륭한 철학자들이 마르크스주의를 따르기 때문에, 한국전쟁은 미국의 사주를 받은 한국이 일으켰고 스탈린의 평화정책으로 휴전이 이루어졌다고 서술한 것을 보고는 놀랐다고 했다. 아울러 전쟁의 책임과 진실이 밝혀질 때 그들이 어떤 반응을 보일지 궁금하다는 얘기를 했다. 우리가 훌륭하게 보는 사상가, 철학자들도 어떤 선입관, 특히 정치적 이데올로기에 빠지거나 진실을 외면하게 된다면 그것은 중대한 문제가 아닐 수 없다고 생각했기 때문이다.

그때, 게오르규 신부는 한국에서 어떤 작품의 소재를 얻고 싶은 의욕이 있는 것처럼 느껴졌다. 『25시』는 그 후에 영화화되면서 더 많은 사람의 관심을 모았다. 영화는 소설보다 한층 더 흥미롭게 각색되어 있었다.

그러나 내가 느끼기에는 오히려 영화에서 그 작품이 가진 깊은 주제의식과 삶의 긴박감은 약화된 것 같았다. 어쨌든 『25시』는 제2차 세계대전이 낳은 대표적 작품으로 대중에게 문제의식을 제시하는 역할을 했다.

나는 그 책을 읽으면서 현재를 비극으로 이끄는 집단의지의 죄악상과 빛나는 개인 지성의 한계를 한없이 애절하게 느꼈다. 고귀한 지성의 희생이 어떤 결과를 가져왔느냐고 물으면 대답할 수 없는 현실에 살고 있다. 그 집단의지는 히틀러를 통해서, 마르크스주의를 통해서 수없이 많은 지성의 별들을 떨구어 버렸다. 마치 하늘의 별들이 모두 자취를 감출 수도 있다는 위기의식 같은 것을 느꼈던 것이다.

또 그 당시에는 지금은 볼 수 없지만, 『인간의 소리』라는 책이 젊은이들의 심금을 울리기도 했다. 대학생들과 젊은 지성인들이 전쟁터에서 남긴 서간문들을 모은 책으로 그들의 대부분은 전사했지만, 그 편지를 받은 사람들이 전후에 묶어 펴낸 책이었다.

나도 그 편지들을 읽으면서 형언할 수 없는 무거운 마음과 침울한 분위기를 떨칠 수가 없었다. 삶의 의미가 어디에 있으며 전쟁의 의미는 또 무엇인가를 계속 되물었다. 신은 왜 침묵을 지키며 악의 세력을 내버려두느냐는 물음도 떠올랐다. 가장 아름답고 고귀한 영혼들이 악마같은 폭력의 제물이 되어 가는 장면들이 너무나도 가슴 아프게 다가왔던 기억이 새롭다.

제1차 세계대전을 치른 뒤 『서부전선 이상 없다』는 책이 전쟁에 대한 증오와 반항심을 일깨워 주었듯이, 『25시』나 『인간의 소리』는 악의 역사와 전쟁에 대한 혐오와 저항정신을 고취하는 목소리였던 것이다.

반항의지 승화시킨 카뮈의 『이방인』

한국전쟁을 겪는 동안 나는 부산에서 피난 생활을 하면서 알베르 카뮈(A. Camus)의 『이방인』을 읽었다. 대단히 인상 깊은 책이었다.

사실 그 당시 나는 실존주의 작가들에 관한 지식을 갖고 있지 못했다. 해방 후의 혼란기를 겪은 뒤 다시 5년 후에 전쟁이 일어났기 때문에 체계적인 독서도 불가능했으며, 피난 기간에는 책을 읽을 정신적 여유도 갖지 못했다.

또 감명 깊은 책을 읽었다고 해도 그 뜻을 전달하고 대화를 나눌 친구들도 없었다. 모두가 뿔뿔이 흩어져 있었고, 하루하루 먹고사는 일에 몰두하고 있을 때였다.

어쨌든 『이방인』을 며칠에 걸쳐 읽고 난 뒤의 뿌듯한 인상을 지금도 잊지 못한다. 예비지식이나 선입관이 없었기 때문에 더 신선한 충격을 받았는지도 모른다.

내가 카뮈와 사르트르 논쟁에 관해서 알게 된 것은 몇 해 뒤 연세대학교에 와서의 일이다. 제2차 세계대전 말에서 한국전쟁이 휴전되기까지는 우리 모두가 사색과 독서의 불모지에 머물렀던 것이 사실이다. 생각해 보면 불행한 시절이었다.

옛날 데카르트가 '나는 생각한다. 그러므로 내가 존재한다'는 고백을 남겼다면, 카뮈의 『이방인』은 '나는 반항한다. 그러므로 내가 존재한다'는 명제의 주인공이었다.

작품의 주인공 뫼르소는 특이한 사람도 아니며 남다른 사상을 가진 인물도 아니었다. 그저 주변에서 일어나는 일과 사물에 대해 꾸밈이나 각색 없이 사실을 사실대로 보았을 뿐이다.

뫼르소는 그런 관점에서 바라보니 자신을 둘러싸고 있는 모든 것이 허위와 가식과 진솔치 못한 전통적 관념에 완전히 휩싸여 있음을 발견한다. 모친의 장례식에서는 슬프지도 않으면서 슬픈 표정을 지어야 하고 진실이 없는 효심을 강요당한다.

주인공이 자신도 모르게 권총의 방아쇠를 당기고 그 결과 상대방이 죽는다. 왜 쏘았느냐는 질문을 받았을 때 그는 대답을 하지 못한다. 동료가 쏘려고 하는 것을 막기도 했던 그였다. 비록 상대방이 번쩍이는 단도를 들고 있기는 했지만, 자신은 권총을 가졌기 때문에 쏘지 않아도 되는 상태에 있었다.

생각 끝에 그는 햇볕이 너무 밝고 눈이 부셔서 방아쇠를 당긴 것 같다고 대답한다. 재판정의 방청객들은 모두가 웃었다. 햇볕 때문에 살인을 한다면 살아남을 사람이 어디 있겠는가. 그러나 주인공에게는 그 이상의 진실이 없었던 것이다.

주인공은 처형을 당하면서 신부가 베푸는 형식적인 종교의식 절차를 거부한다. 거기에는 직업의식과 진실이 없는 전통과 허식이 있을 뿐이었다. 모든 것을 거부하고 방관한 주인공은 결국 조소 속에 죽음의 길을 택한다. 끝까지 항거하면서.

누구든지 이 책을 읽으면, 우리 사회에 대해 나 자신이 하고 싶은 항변을 대신해 주는 것 같은 느낌을 받을 것이다. 주어진 여건 속에서 무의미한 존재로 살고 있다는 것을 공감하지 않을 수 없기 때문이다. 어떤 이는 반항과 항거가 없는 삶은 무의미하다는 생각에, 자신도 '반항하는 개체가 되어 살리라'는 욕망에 사로잡히게 된다.

그러나 작가의 뜻과 의도는 더 깊은 곳에 있다. 현대인의 존재를 위한, 절규에 가까운 그 무엇이 깔려 있는 작품이었다.

믿고 싶지만 믿지 못하는 영혼의 절규 『바라바』

몇 해 뒤 나는 우연한 기회에 1951년 노벨문학상 수상 작품인 페르 라게르크비스트(P. Lagerkvist)의 『바라바』를 읽게 되었다.

1962년 여름, 친구들과 런던에 갔다가 그 작품이 영화로 만들어진 것을 보았다. 내 친구들은 그 책을 읽지 않았기 때문에 어느 정도 설명을 해주고 같이 영화관에 들어섰던 기억이 새롭다. 작품도 감명 깊었으나 영화도 대단히 좋았다.

사실 나는 『25시』나 『이방인』보다는 『바라바』를 더 인상 깊게 읽은 편이다. 깊은 상념에 잠기게 하는 작품이었다. 바라바는 예수가 대신 죽었기 때문에 살아남은 죄인이다. 그는 수많은 크리스천 속에 머물면서 차라리 예수를 직접 보지 못했다면 자신도 믿을 수 있을 텐데, 그 예수가 십자가에 달려 있는 것을 직접 보았기 때문에 예수를 믿을 수 없음에 괴로워한다.

어떤 때는 친구에게 나도 그 예수를 믿고 너와 같이 순교의 길을 택할 수만 있다면 얼마나 좋겠는가, 믿고 싶어도 믿을 수 없기 때문에 살아남은 것이 더 저주스럽다고 고백하기도 한다.

그는 수많은 크리스천이 진실하게 살며 자신에게 사랑을 베풀어 주고 있음을 발견할 때마다 예수를 믿지 못하는 자신을 가엾게 여긴다.

그는 노예의 신분으로 로마까지 가게 된다. 귀족 집에서 좋은 대우를 받으면서도 크리스천들의 행동과 그들의 신앙적 충정에 깊은 공감과 흠모심을 갖는다. 그럼에도 예수를 믿지는 못한다. 십자가에 달려 있던 예수의 초췌한 모습을 너무 생생히 기억하고 있기 때문이다. 그는 예수를 믿으면서 순교의 길을 자진해 찾아가는 신도들을 볼 때마다 선망의 뜻을 누르지 못한다.

바라바는 강도 중의 강도이다. 체력도 탁월하며, 상대방 강도단의 두목이었던 친아버지를 살해해 정복하고 강도단의 왕좌에 오른 인물이다. 그는 이스라엘 사람들이 지니고 있는 구세주 메시아가 오실 것이라고 믿고 있으며, 이스라엘은 로마로부터 독립해야 한다는 강인한 민족주의 정신도 지니고 있었다. 그 당시 뜻 있는 강도는 사회 정의와 민족의 독립을 함께 염원하는 정치적 독립주의자들이기도 했다.

그가 로마에서 무거운 심정의 나날을 보내고 있을 때, 로마가 불바다가 되었다는 사실을 알게 된다. 크리스천들이 새로운 세계를 건설하기 위해 죄악의 도시인 로마를 불 지르고 있다는 소문을 접한다. 크리스천들이 하는 일이면 자신도 해야 한다는 신념을 품고 있던 그는 로마를 불 지르기 시작한다. 로마는 불타 없어져야 할 죄악의 상징이며 크리스천들은 새로운 하늘나라를 건설하기 위해 불을 지르는 것이라고 생각한다.

결국 그는 방화범이자 크리스천이라는 죄목으로 다른 크리스천들과 더불어 십자가에서 공개 처형을 당한다. 그는 크리스천들과 더불어 죽게 되는 것을 자랑스럽게 생각하면서도 자기는 아직 그 예수를 메시아, 즉 구세주라고 믿지 못하는 것을 슬프게 생각한다.

마침내 날이 저물고 바라바도 자신에게 죽음이 다가옴을 깨닫는다. 같이 죽어가는 크리스천들의 찬송과 기도 소리도 거의 그칠 무렵, 시야가 어두워지고 의식도 혼돈에 휩싸인다.

바라바는 죽음을 앞둔 순간에 기도를 드린다. "당신이 정말 그리스도이시면 나도 기억해 주십시오"라고. 그 말의 뜻은 믿지도 못하며 믿음을 포기할 수도 없는 애절한 영혼의 절규였다. 어떤 이들은 신앙의 고백이라고도 말하고 또 다른 사람들은 믿지 못하는 불신의 호소라고도 평한다.

그러나 그것은 바라바의 진심이었다. 사실 우리 주변에는 바라바처럼 믿고 싶지만 믿지 못하면서 마지막 기도를 드리는 수많은 지성인, 사상가, 철학도들이 있다. 그것은 인간이 가지고 있는 최후의 염원이자 휴머니즘의 극치를 고백하는 기도인 셈이다. 바라바는 그 기도를 드린 뒤 눈을 감는다. 믿고 싶지만 믿지 못하는 마지막 호소를 남기면서…….

언젠가 시간이 허락되면 다시 한번 『바라바』를 읽고 싶은 마음이다. 가슴 저리게 하는 문제의식에 다시 한번 잠겨 보고 싶은 생각도 있다. 젊은 시절의 감상적인 상념보다 더 깊이 있고 무거운 인간적 고백을 접해 볼 수 있을 것 같기 때문이다.

여성문제 이해를 돕는
불후의 명작들

───────

그리스 신화에 나오는 이야기가 있다. 옛날 옛적 신들은 산 위에 살고 사람들은 산 아래에 살았다. 어느 날 신들이 인간 사회에 내려와 보니 인간들의 지혜가 신들을 앞설 것 같았다.

신들은 산으로 올라가 산 아래 사는 사람들의 지혜가 신들보다 앞서면 신들을 능가하게 될 텐데 달리 좋은 방법이 없는지 해결 방법을 의논했다. 논의 끝에 완전한 하나의 성(性)을 지니고 있는 인간을 둘로 나누기로 했다. 그래서 한쪽을 남성으로 만들고 다른 한쪽을 여성으로 만들어 버리면 그 잃어버린 짝을 찾아 헤매느라고 성장도 늦어지고 지혜도 자라지 못할 테니 그 이상의 묘법이 없으리라는 결론을 얻었다.

합의를 본 신들은 땅으로 내려와 완전한 성을 갖추고 있던 인간들을 두 쪽으로 나누어 버렸다. 그다음부터는 인간들의 지혜와 성장에 한계가 생겨 버렸다. 철들면서부터 죽을 때까지 그 짝을 찾아 헤매고 서로 질투와 사랑을 거듭하는 동안에 인간은 완전한 구실을 못 하게 되었다는 얘기다.

단순히 웃어 넘기기보다 깊은 생각에 잠기게 하는 이야기다.

얼마나 많은 사람이 이성문제로 인생을 낭비해 왔는지 모른다. 내가 대학생활을 할 때는 여성문제를 취급한 세 명의 작가가 관심을 끌었다. 그들의 작품이 인기를 끄는 이유에 대한 호기심을 해결하고 삶의 내면을 찾고 싶은 젊은이들이 즐겨 읽었다. 대학에 다닐 때 전철 안에서 일본의 여고생들이 열심히 읽고 있는 장면을 보았던 기억도 떠오른다.

자의식 가진 새로운 여성상 제시한 『인형의 집』과 『여자의 일생』

세 작가 중의 하나는 노르웨이의 헨리크 입센(H. Ibsen)으로 그의 『인형의 집』이 널리 읽혔다. 연극으로도 여러 차례 상연되었던 것으로 기억한다.

제목에서 미루어 짐작하듯이 결혼을 하고 가정을 지켜 가는 여주인공 노라의 삶이 마치 꾸며진 공간에서의 인형과 같다고 비유한 내용으로, 보수적인 전통사회의 여성관을 문제로 부각시킨 작품이다.

그 작품이 전 서구사회는 물론 일본에서까지 폭넓은 독자층을 형성하고 있었던 것은, 삶에 순응하는 여성의 일생과 가정 내에서의 여성의 위치 등을 문제적 시선으로 바라보았기 때문이다. 자의식을 가진 새로운 여성상의 탄생과 여성해방의 교본처럼 여겨지기도 했다.

나는 중·고등학교 때 이광수의 『딸 삼형제』를 읽은 적이 있다. 깊은 문제의식은 별로 없었지만, 그 책을 읽고 난 뒤 한국 여성의 앞날을 나름대로 찾아보아야 할 것 같다는 생각이 들기도 했다.

지금은 우리 주변에서도 이와 비슷한 주제를 다룬 작품들을 자주 볼 수 있다. 작품이 너무 뚜렷한 주제를 갖고 있어도 어색하나, 주제의식이 전혀 없으면 읽은 후에 허전함이 남는다.

상당히 넓은 독자층을 가진 또 하나의 작가는 프랑스의 작가 기 드 모파상(G. de Maupassant)이었다. 그의 대표 작품은 역시 『여자의 일생』이다. 왜 그렇게 많은 독자가 있었는지 잘 모르겠지만 여성을 여성 자신들은 물론이고 남성들에게도 숨김없이 보여주며 인생, 특히 여성의 인생이 어떤 것인가를 투시할 수 있는 감각을 높여 주었던 것 같다. 그리고 모파상 자신이 그 시대의 대표적 작가이기도 했다.

그의 인생관은 밝고 희망적인 것은 아니었다. 어떤 전기에서 보니 그는 죽음을 앞두고 모친의 간호를 받고 있었다. 죽기 직전에 남긴 말이, "아, 어둡다. 왜 이렇게 캄캄한가?"였다고 한다. 나는 그 글을 읽으면서 인생이 밝다고 말하는 것이 꾸밈이고, 사실 삶은 어두운 것이었구나 하는 인상을 받았던 것 같다.

오래전 한 작가로부터 안타까운 이야기를 들었다. 30을 갓 넘긴 여류시인의 작품이 장안의 관심과 인기를 모으고 있었다. 그 책이 나왔을 때 작가의 부친이 자랑스럽게 생각한 나머지 몇 권을 친구들에게 증정했다. 딸의 첫 작품이니까 선물한다는 뜻에서였다.

며칠 뒤 책을 읽은 부친의 친구로부터 전화가 걸려 왔다. 전화 내용은, "당신 그 책을 읽은 거요? 당신 딸 시집은 다 갔더군" 하더라는 것이었다.

당황한 부친은 딸의 책을 읽어 보았다. 그러고는 깜짝 놀랐다. 상징적인 표현이 섞여 있기는 해도 여성의 내밀한 것들을 너무 쉽게 가벼이 폭로한 내용의 글이었기 때문이다. 부친은 친구들에게 그 책들을 돌려받았다. 결혼도 하지 않은 딸이 그런 숨김없는 고백을 할 것으로는 상상도 못했기 때문이다.

나도 두세 편을 읽어 보았다. 그러나 더 읽고 싶지는 않았다. 나에게 책을 소개해 준 작가도 장난기 섞인 웃음을 지었다. 오히려 현대인들의 노출적인 표현보다는 모파상의 『여자의 일생』이 더 깊게 여성 자신을 분석해 주었던 것 같다. 또 어떻게 보면 여성 자신보다 남성 작가가 여성을 더 깊이 밝혀 주었을지도 모른다.

여성의 삶을 주제로 인생의 비극 조명한 『테스』

여성을 주제로 한 작품 중에는 토머스 하디(T. Hardy)의 『테스』가 가장 비중 있는 작품이었던 것 같다.

『테스』 하면 연세대학교 영문과의 심인곤 교수가 떠오른다. 그의 특이한 성격 때문에 학생들은 그에게 몇 가지 별명을 붙이기도 했다. 강직하고 고지식한 편이었고, 옳다고 생각하는 바는 남이 무엇이라고 해도 꼭 실천하는 분이었다. 말년에 은퇴해 시골에서 독서와 사색과 신앙에 잠겨 살던 그분을 보는 사람들은 그를 도사(道士)라고 불렀다. 가장 적절한 호칭 같았다.

그가 연세대학교에서 영어를 가르칠 때 반드시 읽게 하는 책이 있었다. 바로 『테스』였다. 심 교수의 권유로 『테스』를 읽은 사람들이 적지 않았을 것이다. 어떤 제자의 얘기로는 심 교수의 방에는 책이라곤 『맹자』와 『테스』뿐이었고, 영어와 한문 사전이 있었을 정도라고 했다.

확실히 『테스』는 우리에게 큰 감명을 주고 깊은 사색을 갖게 하는 작품이다.

몰락한 농가의 딸로 태어난 테스는 어느 부잣집에 하녀로 들어가 생활하게 된다. 그러나 그 집 아들에게 겁탈당하면서 순수하고 티 없는 여성이 그 순수함으로 말미암아 야성적인 남성의 제물이 된다. 후에 참다운 사랑의 대상을 발견했지만, 그녀의 과거가 모든 꿈을 빼앗아 간다. 결혼식 첫날밤, 종교적 신앙심을 갖춘 신랑은 양심의 가책을 느낀 테스가 과거를 고백하자 더 이상 사랑을 이어갈 수 없다고 생각한 나머지 테스만 남겨두고 자취를 감춘다. 심적 고통으로 괴로워 하던 그는 가정과 조국을 등지고 지구 반대편으로 멀리 떠나 버린다.

테스는 굶주림과 비참한 생활에 못 이겨 증오의 대상이었던 이전 남자의 품으로 돌아간다. 그때 세상 끝까지 헤매던 남편이 새로운 사랑의 뜻을 안고 테스를 찾아온다. 테스는 사랑의 새 출발을 꿈꾼다.

그 꿈을 실현하기 위해 동거하던 남자를 살해한다. 살인자로서의 테스는 사형을 당하기 전까지 짧은 사랑을 누린다. 그러나 형장의 이슬로 사라질 운명은 어떻게 할 수가 없었다.

그 작품을 읽으면서 사람들은 테스라는 여성의 삶을 통해 사회의 부조리와 남성의 탐욕과 여성의 비극적인 운명에 몸서리를 쳤다. 또 이것이 과연 인생인가 하고 고민에 빠지기도 했다.

이 작품을 읽은 모든 여성은 정신적인 순수성과 여성의 순결함이 어떤 의미를 갖는가에 큰 충격과 교훈을 받지 않을 수 없었다. 더욱이 그 세대의 독자들에게는 그 영향이 지대했다.

인간성 회복과 휴머니즘을 구현하는 작품이 나오기를

이런 문제들을 여성의 것으로만 국한시켜서는 안 된다. 여성은 인류의 반을 차지하고 있으며 인간성의 분신인 동시에 인간적 과제에 있어서는 남성과 구별할 필요가 없기 때문이다.

여성문제를 다룬 소설 이야기를 하다 보면 데이비드 로렌스(D. H. Lawrence)의 『채털리 부인의 사랑』을 연상하게 된다. 그 작품이 지나치게 성적 사랑을 다루고 있으며 성적 묘사를 숨기지 않고 있기 때문에 한때는 외설이냐 예술이냐 하는 문제로 물의를 일으키기도 했다.

이 책이 전후에 일본어로 번역되었을 때 어떤 독자가 이 책을 외설물로 치부해 출판사를 고소했고 판매 금지를 위해 소송을 제기하기까지 했다. 이 법정공방은 마침내 2심과 항소를 거쳐 일본 최고재판소까지 올라가 장안의 화젯거리가 되었다. 외설이냐 아니냐보다 이런 내용의 작품이 일본 사회에서 공공연하게 읽혀도 좋은가 하는 문제가 더 중요하게 부각되었기 때문이었다.

도덕적 보수성을 지지하는 계층에서는 그 책의 출판과 독서를 용납할 수 없다고 주장했고 중간 세대는 크게 문제 삼지 않아도 된다는 입장을 가지고 있었던 것 같다. 그런데 전후의 젊은 세대에게는 그것이 전혀 문제될 이유가 없다는 생각이 퍼져 있었다.

일본 최고재판소의 판결은 당시로서는 출간과 판매를 금지시켜야 한다는 내용이었던 것 같다. 그 판결의 주인공은 가톨릭 신자이자 유명한 법이론가이며 법철학자인 다나카(田中) 판사로, 일본 법조계에서는 가장 존경받는 거물 중의 한 사람이었다.

어떤 이는 그의 영향 때문에 일본의 국왕이 가톨릭으로 입교하지 않을까 우려했을 정도라고 말했다. 일본 국왕은 종교를 갖지 못하도록 되어 있다. 국왕이 종교를 가지면 국민은 그 뜻을 따라야 한다는 사고가 지배적이었다. 또 당시의 많은 일본인은 국왕을 신앙의 대상으로 삼아 왔고 그 종교적 흐름이 신도(神道)주의를 형성하고 있었다.

그런데 오랫동안 법학자와 교수로 활약했던 다나카 판사는 왜 이 책의 판매 금지라는 판결을 내렸을까? 그가 내린 판결문의 내용을 보면 그가 가진 소신을 알 수 있다.

"법은 사회생활의 질서를 보호해줄 권리와 의무를 가지고 있다. 그 가치관과 질서를 급속히 무너뜨리거나 파괴한다면 그로 인해 국민들이 받을 정신적, 정서적 공백과 혼란을 채워 줄 수 없게 된다. 그러므로 먼 후일에는 이 책의 내용이 문제 되지 않을 수 있어도 지금 현재로서는 우리가 믿고 따르는 정신적 질서 및 가치관의 규범을 무너뜨릴 수 있다."

물론 수십 년이 지난 오늘날에는 누구나 그런 문제로 인해 구속을 받지 않는다. 오히려 작가의 탁월한 예술성과 인간성 탐구의 업적에 대해 긍정적으로 평가한다.

다나카 판사는 젊었을 때부터 법보다는 질서, 질서를 뒷받침하는 가치관, 가치관을 형성하고 유지하는 신앙, 그 신앙의 배후가 되는 권위의 존엄성을 강조했던 편이다. 나 자신도 대학에 다닐 때 그의 강의와 강연에 관심을 가졌던 적이 있다.

여성의 문제도 인간적 과제라는 점에서 남성들도 관심을 가져야 하는 것이며 인간성 회복과 휴머니즘의 구현을 위해서는 우리 사회에서도 그 분야에 대해 무게 있는 연구가 이루어져야 한다.

과거에는 여성을 산업사회의 도구로 보거나 남성에 예속된 존재로 여기는 사상가도 없지 않았다. 그러나 최근에는 사회문제를 취급하는 사람들이 그 분야의 연구를 택하고 있다.

이미 나와 있을지도 모르지만, 앞으로는 우리 사회에서도 여성다움을 예술적으로 승화시킨 작품이 자유롭게 출판되어 많은 남녀 독자들을 끌어들였으면 좋겠다.

그러나 문제가 되는 것은 수준 높은 예술성과 인간성 탐구의 심도

가 아닐까 생각한다. 높은 예술성은 외설을 괄호 안에 넣을 수 있으며 인간성의 탐구는 모든 피상적인 것들을 휴머니즘의 열매로까지 심화시킬 수 있기 때문이다. 독서에 관한 이야기를 전개하다 보니까 한 번쯤은 취급해 보는 것이 좋을 것 같아 잠깐 언급했다.

어려운 철학과
친해지기 위한 독서

오래전에 한 가지 실수를 했던 기억이 떠오른다.

연세대학교 정법대학의 한 교수가 아주 우수한 학생이라고 소개하며 그가 철학에 관한 독서도 하고 싶어 하니 도와주었으면 고맙겠다는 전화를 해왔다.

교수의 말대로 퍽 우수한 학생 같았다. 무슨 책을 읽고 싶으냐고 물었더니 칸트에 관한 책을 읽었으면 좋겠다고 했다. 좀 어렵지 않을까 걱정했으나 '얼마나 어려우면 제가 이해 못 하겠어요?'라는 자신 있는 표정이었다. 나는 그가 어느 정도는 이해할 수 있을 것으로 예상했기 때문에, 『순수이성비판』은 너무 방대해 부담스러울 테니 칸트가 직접 쓴 해설책을 읽어 보라며 『프롤레고메나』를 추천해 주었다.

사실 칸트를 알기 위해서는 『순수이성비판』을 읽지 않을 수 없지만, 철학을 전공하지 않은 사람이 읽기에는 버거운 책임에는 틀림없었다. 『순수이성비판』이 나왔을 때, 독일 철학계에서도 지나치게 어려운 내용이라는 평이 일반적이었다. 재판을 찍을 때 칸트 자신이 조금 수정을 했고, 3판 때에도 다시 수정을 가했기 때문에 나중에 읽는 사람들은 그 수정된 내용들을 대조하면서 읽게 되어 있다.

그 난해한 내용을 좀 더 쉽게 해설하기 위해 칸트는 『프롤레고메나』라는 책을 추가로 저술했던 것이다.

무책임한 개념 난립이 철학을 어렵게 만든다

그 후 그 학생은 다시 찾아오지 않았다. 나는 다른 공부로 바빠져 철학책 읽기를 중단한 것이라고 여기고 그를 잊고 있었다.

얼마 후에 그 교수를 만났더니, 책의 내용이 너무 어려웠는지 그 학생이 책 읽기를 포기해 버리고 말았다는 말을 전했다. 학교에서 듣는 강의가 성에 차지 않고, 읽을 만한 책도 없다고 하기에 철학과로 안내했었는데, 현관에 들어서지도 못하고 단념한 셈이 되었다는 얘기였다.

친구 교수의 설명을 듣고 내가 왜 그런 실수를 하게 되었는가 반성해 보았다. 그 학생이 가장 먼저 부딪친 난제는 철학적 개념을 해득하기 어려웠다는 것이리라. 사실 『프롤레고메나』에 나오는 개념은 그리 생소한 것은 아니다. 철학계에서는 항용되고 있는 개념이다. 그러나 그 학생은 철학 도서를 접한 적이 없었기 때문에 그 개념이 밥 속에 들어 있는 모래알 같았을 테고 굵은 모래알이 너무 많다고 느꼈을 것이다.

칸트의 『순수이성비판』은 우리말로도 몇 종류 번역되어 나왔다. 철학을 전공하지 않은 독자들이 얼마나 이해할 수 있을까 걱정스러운 것은 어쩔 수 없는 사실이다. 독일어가 영어로 번역되면 좀 쉽게 느껴지는데, 그것이 우리말로 번역되면 영어 번역보다도 더 난해해진다. 살코기는 없고 뼈만 남은 것 같은 인상이 되고 만다.

그래서 철학책은 옛날 것일수록 쉽게 읽히고 근대 철학까지는 읽는 데 크게 부담스럽지 않으나, 현대로 가까워질수록 어려워진다. 철학자들이 자신의 철학을 설명하는 데 필요한 개념을 계속 만들어 내기 때문이다. 독일의 하이데거나 미국의 화이트 헤드 같은 철학자의 책을 읽고 어렵지 않게 이해할 수 있는 사람은 거의 없을지도 모른다.

개념의 이해도에 따라 철학의 이해도가 달라지기도 한다면, 철학자들이 무책임하게 만들어 내는 개념들이 철학을 현실 사회에서 소외시키고 있을지도 모른다.

1960년대 초기에 미국 시카고대학교에 매케온이라는 원로 교수가 있었다. 그는 철학을 전공하는 학생들에게 꼭 개론을 강의해 주었다. 그의 강의는 철학의 개념들을 역사적으로 충분히 이해할 수 있도록 이끌어 준다. 그의 강의를 들으면 그리스, 로마, 기독교의 중세기, 근대 철학에서 현대 철학에 이르기까지 등장하는 철학 개념들을 쉽게 이해하게 된다. 그의 강의가 철학의 역사적 이해에 길잡이 역할을 해주었기 때문에 학생들은 그 교수에게 감사의 마음을 갖고 그의 개론 강의를 들은 것을 자랑스러워하곤 했다.

이렇게 본다면 책을 저술하는 사람들이 어떤 개념을 어떻게 사용하는가는 대단히 중요하고도 어려운 문제이다.

개념 선택과 사용의 어려움

한때 우리나라 신학계와 목회자들 사이에서 '기독교의 세속화'라는 문제가 많이 다루어졌다. 미국에서 새로운 신학을 공부하고 돌아온 신학자들이 미국 신학계가 지향하고 있는 신학의 세속화(Secularization)를 받아들여야 한다는 주장이 유행처럼 퍼져 있었기 때문이다.

그런데 같은 시기 일본의 「크리스트 신문」에서는 어떻게 기독교의 세속화를 방지할 수 있는가를 주제로 신학과 기독교계의 지도자들이 공개 심포지엄을 열었다.

우리는 기독교의 세속화가 바람직한 연구과제로 받아들여지고 있는데, 일본에서는 기독교의 세속화를 방어해야 한다는 사명의식을 강조하고 있었을 정도로 그 개념을 이해하는 데 차이점을 보인 것이다.

어째서 그런 차이가 생겼을까.

일본인들은 자기들이 지녀온 종교의 신성성과 속세성, 즉 세속화를 계속 구별해 왔다. 따라서 기독교의 종교적 본질이자 본상(本相)인 신성성과 초월성이 세속화해서는 안 된다는 관점에서 세속화라는 개념을 취급했던 것이다.

이에 비하면 우리는 영어의 'Secularization'이라는 개념을 세속화로 번역해 놓고, 미국의 신학자들이 주장하고 있으니까 우리도 따라야 한다며 남의 개념으로 우리 신학을 바꾸어 전개시키려 했던 것이다.

미국의 신학자들은 기독교의 정신과 신학이 역사적 현실과 사회적 책임을 경시하고 고립되어 독자적으로 존립할 수 있는 것처럼 생각해서는 안 된다는 이유에서, 즉 현실 사회에 동참하며 역사적 과업에 참여해서 사회개혁과 역사 변천의 역할을 담당해야 한다는 뜻에서 세상화 또는 세속화에 해당하는 'Secularization'이라는 개념을 썼던 것이다. 이는 기독교의 사회 참여와 역사 참여를 강조한 개념이었다.

그 세속화라는 개념을 우리 표현으로 번역해 놓고 보면, 기독교의 본질과 전통을 희석시키며, 마침내는 기독교 자체가 속되게 변하고, 그 의미와 능력을 상실하는 방향인 것 같은 인상을 줄 수도 있었다.

결국 세속화 운동은 오래가지도 못했다. 생각 있는 사람들에게 혼란과 정신적 자가당착을 더해 준 결과가 되어 버렸다. 기독교의 사회화나 역사화라는 말을 썼어도 받아들이기 어려웠을 텐데 세속화라는 개념은 전혀 앞뒤가 맞지 않는 결과를 낳았다. 기독교의 사회 참여나 역사 참여의 개념으로 표현했어야 좋았을 것이다.

개념의 선택과 사용이 이렇게 어려운 문제를 안고 있다면 철학자들이 저지르는 과오들도 적지 않았을 것이다. 그래서 한때 미국 철학회에서는 '과연 철학은 우리 사회에 도움을 주고 있는가'라는 주제의 토론회가 열렸을 정도였다.

생소한 철학 개념을 더 깊이 이해하려면?

철학 개념을 익히는 방법은 무엇인가. 특별한 방법이 있는 것은 아니다. 충분히 이해되지 않는 개념이라고 해서 내버려두지 말고 계속 읽어 나가면 언젠가는 자신도 모르게 그 개념에 친숙해지며 또 깊이 이해할 수 있게 된다.

그것은 마치 사람의 이름을 알아 가는 것과 비슷할지 모른다. 한 번 만난 뒤 헤어지고 마는 사람의 이름은 쉬 잊힌다. 그러나 두 번 세 번 자꾸 만나면 그 사람의 이름뿐 아니라 성격, 나이, 취미, 개성들을 차례로 이해하게 된다. 그러다가 더 자주 만나 같이 지내거나 일하게 되면, 그 사람은 나의 친구가 될 수 있고 마침내는 잊을 수 없는 친분을 유지하게 된다.

개념도 마찬가지이다. 처음 읽을 때는 생소하게 느껴지지만 여러 번 읽을수록 점점 더 깊이 이해할 수 있고, 마침내는 나 자신이 그 개념을 자연스럽게 사용하며 남에게 전달할 수도 있게 된다.

앞서 얘기한 그 학생은 아주 우수한 편이었지만 사상과 철학에 관련된 독서를 하지 않았기 때문에 모든 개념이 생소하게 느껴졌을 것이다. 그러나 내 경우를 본다면 대학에 입학하기 전에도 그 문장들을 상당히 이해할 수 있었다. 중·고등학교 때부터 철학적 개념들을 접했었기 때문이다.

이렇게 본다면 철학책은 어렵다든지 철학은 이해하기 힘들다는 말이 옳은 것이 아니라 책다운 책을 읽은 경험이 적었다는 표현이 더 적절할 듯하다. 물론 우리는 독일인이나 일본인처럼 굳이 어려운 철학책이나 난해한 개념을 이해하려고 애쓸 필요는 없을 것이다. 그러나 약간의 노력만으로도 해득할 수 있는 개념이나 책을 무조건 멀리한다는 것은 바람직하지 않다.

독일어보다 영어로 된 철학책이 이해하기 쉬운 것은 영·미 계통의 철학책들은 상식과 일상적인 개념을 더 많이 사용하고 있기 때문이다.

그렇다고 해서 흥미와 평이성에 맞추기 위해 책 제목부터 『○○야 놀자』라든지 『○○는 내 친구』라는 식의 제목을 붙인 책들이 나오는 것은 어떨지 잘 모르겠다. 그것은 미사에 참여하는 젊은이들이 줄어드니까 대중가요를 미사곡에 대신하거나, 사상적 깊이가 있는 강연회는 학생들이 기피하니까 미용의 방법이나 남녀교제의 실상 등을 강의 주제로 삼아서 청중을 모으려는 것 같아 이상한 기분이 든다.

예술에는 예술성이 있어야 하고 학문에는 진리를 위한 진지한 학구적 자세가 필요하다. 사상과 철학은 그 자체가 깊이와 정신적 과제를 안고 있기 때문에 본질적인 문제까지 소홀히 해서는 바람직하지 못하다. 좋아하는 사람이 줄어들어도 고전음악은 그 의미를 갖는 것이며, 대중이 따르지 않는 것 같아도 철학은 철학적 과제를 경시하거나 포기해서는 안 된다. 합리적 사고와 철학적 과제를 외면하는 사회는 그만큼 성숙한 사상적 기반을 상실할 수밖에 없다.

누구나 쉽게 이해할 수 있는 철학서

한때 요슈타인 가아더(J. Gaarder)라는 사람이 쓴 『소피의 세계』라는 책이 관심을 모은 적이 있다. 저자는 노르웨이에서 고등학교 철학 교사로 있다가 작가로 변신했고, 철학사의 내용을 소설로 각색해 책을 서술한 것이다. 읽기에 재미있고 쉬워 많은 젊은이의 호감을 샀다.

그렇게 해서라도 철학적 문제와 개념에 접근해 보는 것은 바람직한 일이다. 그러나 그런 방법과 방향이 목적이 되거나 전부가 되면 그 결과도 바람직하지는 못하다. 어떤 철학자의 책 중에서 몇 페이지를 읽는 것이 그 책 전체를 읽는 것보다 더 유용한 경우가 있기는 하지만, 그것이 깊이 있는 학문을 하는 자세는 아니기 때문이다.

만일 철학에 자신 있는 철학도가 누구나 무리 없이 접근할 수 있는 개념을 갖고 철학을 소개해 주거나 철학적 문제를 어렵지 않게 설명해 주는 저서를 남길 수 있다면 그것은 크게 환영할 만한 일이다. 철학적 문제를 갖고 있지 않은 사람은 없다. 그 문제에 접근할 수 있는 저작들이 나올 수 있다면 그것은 철학의 시대적 사명이 될 수도 있을 것이다.

사실 대표적인 철학책들은 그 시대가 요청하고 있는 문제를 해명해 주기 위해 철학자들이 저술한 것이지, 철학자들의 독자적인 과업으로 탄생한 것은 아니었다. 일반인도 쉽게 접근할 수 있는 철학책이 나와 오늘 우리 사회가 안고 있는 정신적 과업을 어렵지 않게 받아들일 수 있는 개념과 사상으로 풀어 주고 설명해 줄 수 있다면 그보다 더 고마운 일이 어디 있겠는가.

문제는 성실하고 깊이 있는 삶의 과제들을 외면하고, 노력은 들이지 않고 지식을 얻고, 흥미 위주의 경향에 빠져 있는 청소년들의 입맛에 영합하기 위해 철학적 영역을 모두 희생시킬 수는 없다는 데 어려움이 있다.

젊은이들이 좀 더 무게 있는 독서를 하기를 권한다. 그래야 근본적인 개념을 이해할 수 있고 그것을 바탕으로 모든 문제를 전체적으로 파악하며 우리만의 철학적 관념을 만들어 낼 수 있다. 그렇게 함으로써 우리의 사상과 철학의 과제를 정립하는 데 동참해 주기를 바라는 마음이다.

part 4

책, 어떻게 읽을 것인가

독서의 수준이 곧
국민의 수준

≡

한번은 도쿄에 갔다가 세계적인 번화가로 알려진 긴자 4가를 거닐게 되었다.

토요일 오후였다. 옛날 이 부근에 '콘도'라는 서점이 있었는데 지금도 있을까 하는 생각이 들었다. 반세기의 세월이 흘렀고, 지금은 수출상품의 핵심 거래장이 되었으므로 서점은 변두리로 옮겨졌을 것이라고 생각되었기 때문이다.

북적대는 인파를 헤치고 찾아가 보니 그 자리에 옛날 모습 그대로 서점이 있었다. 반가운 생각이 들어 문을 열고 들어섰다. 서점 안은 상상 밖으로 만원이었다. 에어컨 몇 대가 가동되고 있었으나 체온에서 뿜어 나오는 열기가 더위를 물씬 느끼게 했다.

대부분의 손님이 젊은층이었다. 서가 앞에 선 채로 책을 읽는 사람들이 일렬을 이루고 있고 그 뒤에는 앞줄 두 사람씩 사이에 또 다른 사람들이 줄을 서서 책을 읽고 있었다. 그들은 그렇게 책의 서문과 몇 부분을 읽은 뒤 마음에 드는 책을 골라 사는 듯했다.

100년 이상 한 자리를 지키고 있는 서점들

나는 이쪽저쪽 서가를 살피다가 되돌아 나오고 말았다. 너무 사람이 많았고 더위도 심했기 때문이다.

그곳에서 얼마 안 가 같은 거리에 '교분칸(教文館)'이라는 서점이 있었다. 주로 철학과 종교 계통의 전문 서적을 취급하는 곳으로 알려져 있다. 그곳도 만원이었다. 손님은 장년층이 대부분이었다. 한두 권 책을 사들고 밖으로 나왔다.

이 두 서점은 확실하지는 않으나 100년의 세월을 넘긴 책방들이다. 그 이상이 되었을지도 모른다.

이 서점들보다 더 오래된 여러 책방이 한곳에 모여 있는 지역이 있다. 일본에서 살아 본 사람들은 누구나 잘 아는 간다(神田)라는 지역이다. 한 행정구의 대부분이 서점이었던 것 같다. 항상 다녀 보지만 몇 개의 관심 있는 서점들만을 찾아가는 것이 보통이었다. 그 많은 서점이 한 세기가 넘는 기간 동안 거뜬히 운영되고 있다는 사실은 부럽기 그지없는 일이다.

출판도 그렇다. 우리는 어떤 책이 출판되어 3천 부가 나가면 비교적 성공한 편이라고 말한다. 문고책이 잘 안 되는 이유는 판매 부수가 오르지 않기 때문이다. 그러나 일본에서는 무슨 책이 나오든지

3만 부는 으레 나갈 것으로 생각한다.

저자도 마찬가지이다. 일본에서 베스트셀러의 저작자는 그것으로 생계가 유지된다고 생각한다. 그리고 우리는 어떤 세계적인 저자의 책이 전집으로 번역되면 다른 출판사는 출판을 단념한다. 두 가지 번역본이 나와 경쟁이 붙으면 수지가 맞지 않기 때문이다. 그러나 일본에서는 여러 종류의 번역이 나와도 모두 흑자 운영이 되곤 한다.

누군가에게 들은 이야기다. 오래전 일본의 출판사 이와나미(岩波)에서 편집회의가 열렸다. 전국에 독자가 20여 명밖에 안 되는 해양식물학에 관한 연구 서적을 출판할 것인가를 놓고 회의가 진행되었다. 결국은 그 책을 출판하기로 했는데 이것은 우리로서는 상상할 수도 없는 이야기다.

이렇게 서점들이 고객들로 만원을 이루고 서적 출판이 활발하다는 것은 무엇을 의미하는가. 일본인들의 독서열이 그만큼 높다는 사실을 입증해 주는 것이다. 왜 다른 나라도 아닌 일본의 얘기를 소개하고 있는가. 필자가 그 당시 일본에서 공부하고 있었기 때문이기도 하지만, 우리에게는 모든 점에서 일본과 경쟁해서 앞서야 하는 의무가 있기 때문이다.

태평양전쟁 중에는 종이가 부족해 배급을 받았기 때문에 신문도 몇 가지로 통폐합되어 종류가 줄었고 출판도 원하는 부수를 다 찍을 수가 없었다. 그래서 신문 광고에는 몇 부 한정판이라는 광고가 붙곤 했다. 따라서 그 책을 사려는 경쟁도 대단했다.

어느 날 「아사히신문」의 책 광고를 보았더니 도쿄대학교 와쓰지 데쓰로 교수의 『윤리학』이 출간되었다는 광고가 나왔다. 지성인들이 그 신문을 많이 보는 이유는 책 광고의 수준이 높았기 때문이다. 좁은 지면에 몇십 권의 책이 소개되는 것이 보통이었다. 자세히 살펴보지 않으면 눈에 띄지 않을 정도의 좁은 지면을 차지할 뿐인데도 사람들은 광고를 통해 신간소식을 접했다.

나도 그 책을 놓치고 싶지 않아 다음날 아침 강의실로 가기 전에 먼저 서점으로 갔다. 나보다 먼저 온 학생들이 줄을 서 있었다. 그래도 순번이 빨랐던 덕분에 책을 사는 데 성공해 학교로 갔던 기억이 떠오른다. 우리 과의 친구들이 대부분 나와 같은 방법으로 책을 사고 있었다. 그 책을 구하지 못하면 몇 달 혹은 1, 2년 동안 손에 넣을 수가 없었기 때문이다.

어렵사리 책을 사 모으던 시절

그 당시 나는 얼마간 아르바이트로 신문배달을 했다. 학교에서 강의를 듣고 집에서 공부를 하고, 아르바이트로 또 머리를 쓰는 일이 정신적으로 부담스러웠기 때문에 아르바이트는 몸을 쓰는 노동을 하기로 했다. 내가 배달하는 신문은 4종류 정도였던 것 같다. 당시는 용지난으로 신문 부수가 제한되어 있던 탓에 구독자들이 배달원인 나에게 청탁을 하는 상황이었다.

신문도 그 정도였으니 책은 더 귀했다. 학생들의 입장에서 본다면 책을 갖는다는 것이 책을 읽는 것과 마찬가지로 중요한 일이었다. 내가 아르바이트를 한 목적도 책을 사기 위해서였다. 대개의 경우 자연과학이나 기계공학을 전공하는 학생들은 비중 있는 교양서적을 갖춰야 한다. 항상 새로운 학설과 도서가 나오기 때문이다. 그러나 사회과학 분야나 인문학을 전공하는 이들은 책을 가지지 못하면 공부를할 수가 없었다. 그 당시 대학의 도서관에는 요즘처럼 같은 책을 여러 권 비치해 두지 않아, 학생들이 대출하지도 못하고 도서관에 가야한 권씩 읽을 수 있었다.

경제적 여유가 있었던 내 친구들은 영어나 독일어로 된 원서들도충분히 갖추고 있었으나 나는 그렇지 못했다. 그리고 어느 친구의 방에 가 보아도 작은 규모의 장서는 모두 갖추고 있었다. 남이 못 가진책을 구하기 위해 하루 종일 서점가를 돌아다니느라 집에 오면 녹초가 되곤 했다. 나는 지금도 백화점에는 잘 가지 않는다. 백화점을 다녀온 때와 책방을 다녀온 때가 제일 피곤했던 기억이 있기 때문이다.

그러나 불행하게도 그렇게 애써 모았던 책들을 지금은 가지고 있지 않다. 일본에서 귀국하던 전쟁 말기에는 짐을 가지고 다닐 수 없어 대부분의 책을 남겨두고 와야 했다. 고향에 돌아와 다시 어느 정도의 도서를 준비했으나 삼팔선을 넘을 때 역시 한 권도 갖고올 수가없었다. 서울에 와서 3, 4년 동안 작은 서가를 채워 두었으나 한국전쟁으로 또 소실되고 말았다.

그렇게 되자 아예 책을 모으는 일이나 장서를 마련하는 일은 단념하게 되었다. 그래도 30여 년 동안 교수 생활을 했으니까 어느 정도의 책은 모이게 마련이다. 대부분의 책은 읽기 위해 구했고 읽은 것은 소유하는 방식으로 책 구입의 노력이 옛날보다 줄어들게 되었다. 대학 도서관의 책들을 이용하기도 했다.

그러는 동안에 정년이 되었다. 큰아들이 철학을 전공했기 때문에 외국어로 된 책들은 자연히 소유주가 바뀌고 나는 빌려서 읽는 처지가 되었다. 작은아들도 교수이기 때문에 본인이 필요한 책들은 가져가 버렸다. 책 주인이 또 바뀐 셈이다.

내 친구들은 나를 부러워한다. 책을 물려줄 수 있었기 때문이다. 지금은 별로 책을 사지 않는다. 외국에 나갔다가 몇 권 사들고 오는 정도이다. 대신 도서관이나 친구들에게서 책을 빌려 읽기도 한다. 나이 때문일까. 꼭 내가 지녀야 한다는 욕심이 줄어든 것 같다.

부지런한 독서가 정신적 성장을 돕는다

책을 귀하게 여기며 살았기 때문인지 내 제자들이 책을 사랑하지 않고 책을 갖고 있지 않은 것을 보면 이해가 안 된다. 심지어는 교재를 프린트해 가지고 시험만 치르면 되는 듯이 착각하는 학생들도 있다. 공부는 학점을 따기 위해 하는 것이니까 대학을 나오면 전혀 책을 읽지 않는 경우도 많다. 그런 모습을 보면 이상한 생각이 들기도 한다. 우리 학생들은 '학문'을 하는 것이 아니라 '공부'를 한다. 따라서 체계적이며 문제의식을 갖춘 독서와는 담을 쌓고 있다. 이런 곳에서는 전혀 대학다운 분위기가 자라지 못한다.

아마 세계적으로 우리나라만큼 대학 출신자들이 많으면서 독서의 불모지인 나라는 없을 것 같다. 우리가 선진국에 진입하지 못하는 중요한 이유 중 하나는 독서의 빈곤 때문이 아닐까 한다. 기차를 타거나 비행기를 타면 곧 느낄 수 있다. 책을 읽고 있는 사람은 대개가 외국인이다. 우리나라 사람들 중에는 기차나 비행기 안에서 화투를 치는 사람들까지 보인다. 그들이 모두 대학 출신이라는 점을 생각하면 크게 잘못된 사회 풍토임을 지적하지 않을 수 없다.

물론 매스컴이 다양하게 발달했고 정보를 손쉽게 얻을 수 있는 정보사회로 변했기 때문에 독서의 필요성도 줄어들었을 것이다. 또 경제와 산업이 발달하면서 책에 매달릴 시간적 여유가 없다는 핑계는 있을 수 있다. 그러나 선진국가의 지성인들은 여전히 독서를 하고 있으며 정신적인 성장을 게을리하지 않고 있다.

후진국가를 여행해 본 사람이라면 그들이 우리보다도 독서를 하지 않고 있다는 사실을 쉽게 발견할 수 있을 것이다. 두 권의 책을 읽는 사람은 한 권의 책을 읽는 사람을 지배하게 된다는 말이 있다. 그렇다면 독서의 수준이 곧 그 국민의 수준이라고 보아도 틀리지 않을 것이다.

우리는 경제발전을 위해 기술개발이 선행되어야 한다고 말한다. 그러나 기술개발을 하기 위해서는 과학적 기초교육이 앞서야 한다. 모든 분야의 기초과학은 연구와 더불어 가능하며 기초과학의 연구는 책을 통하지 않으면 안 된다. 손쉽게 얻을 수 있는 정보의 습득만으로는 불가능하다.

학문적 성장에 필요한 체계적인 독서 필요

나무가 크게 자라 많은 열매를 맺기 위해서는 뿌리가 깊어야 하고 튼튼한 밑동과 줄기가 있어야 한다. 그런 후에야 잎사귀들이 자라고 꽃이 피어 열매를 맺게 되는 것이다.

지금 우리가 열심히 받아들이고 있는 정보와 지식은 그 잎과 꽃에 해당하는 것이다. 그보다 앞서야 하는 것은 체계적인 지식과 학문적인 성장이다. 그런 의미에서 학문 성장에 무엇보다 중요한 것은 눈에 보이지 않는 뿌리처럼 튼튼한 기초이다.

뿌리에 해당하는 것이 사상적 고전이며, 줄기의 역할을 담당하는 것이 체계적인 학문과 지식이다. 지금은 대학을 나온 사람들까지도 컴퓨터나 모바일로 정보만 얻으면 그것이 지식의 전부인 것처럼 착각한다. 그것은 기술이나 기능적인 역할에 속한다. 그 정보에 의미와 내용을 부여하고 그것을 지식으로 만들어 내는 체계적인 학문이 필요하다. 그런 중요한 역할을 감당하기 위한 독서를 하지 않는 것이 유감이다.

세계 역사도 그렇다. 선진사회에서는 인간개발이 앞서고 그 뒤에 사회개발, 그리고 경제발전과 경제개발이 뒤따른다. 그것이 역사의 과정이었다. 그런데 우리는 그 정신사적 절차를 밟지 못했다. 서양에서는 르네상스와 휴머니즘을 먼저 겪은 후 인간과 사상과 인문학이 발전했고, 그 뒤에 사회과학이 발전했다. 그리고 정치의 변화와 사회 문제의 해결이 모색되었다. 그 후에 자연과학과 기계과학이 발달하면서 오늘의 경제발전을 이룩했다.

우리는 불행하게도 그 과정을 밟지 못했다. 오히려 경제개발을 먼저 추구하다 보니까 사회개발이 없었다는 것을 느끼게 되었고, 사회개발을 계획하는 동안에 인간의 정신적 가치가 탐구되지 못했다는 현실을 발견하기에 이른 것이다.

정신적 측면을 책임져야 할 종교계도 그렇다. 세계에서 가장 많은 신앙인을 자랑하는 우리나라의 종교인들 중에는 주목할 만한 개신교학자나 불교학자도 없고, 신학교가 그렇게 많으면서도 체계적이고 신학서다운 저작도 없는 실정이다. 우리처럼 많은 대학을 갖고 있는 나라에서 탁월한 학자나 사상가를 배출해 내지 못하고 정신적 빈곤을 겪고 있다는 것도 숨길 수는 없는 사실이다.

이제라도 책을 읽는 풍토와 독서를 생활화하는 분위기가 조성되지 않으면 사회 모든 면에서 후진성을 벗어나지 못할 것 같다. 어떤 친구의 한탄스러운 이야기가 생각난다. 텔레비전을 아무리 보아도 책을 읽는 장면은 없다는 것이다. 또 한 친구는 책을 읽지 않는 사람들이 문화운동을 책임지고 있으니 문화가 발전할 수 없다고도 했다.

어딘가 잘못된 사회에 살고 있는 것 같다.

베스트셀러,
꼭 읽어야 할까

베스트셀러는 꼭 읽어야 하는가라는 질문을 자주 받는다.

나 자신이 베스트셀러의 저자였고 그 때문에 번거로움을 겪는 사람 중의 하나였기 때문에 한두 마디 해두는 편이 좋을 것 같다.

1961~62년 『출판연감』에는 다음과 같은 기록이 남아 있다.

"우리나라에서 지금까지 가장 높은 부수를 올린 책은 박계주 씨의 장편소설 『순애보』였는데, 20년 동안에 4만 부 정도가 팔린 것으로 되어 있다. 그런데 김형석 교수의 『영원과 사랑의 대화』는 1년 동안에 그보다 10여 배가 훨씬 넘는 부수가 팔렸다. 그 책은 두 가지 분야에서 우리나라 출판 사상 기록을 수립한 셈이 되었다. 하나는 비소설 분야의 책이 소설책보다 많은 독자를 가질 수 있다는 가능성과, 둘째는 짧은 시일 동안에 최고의 부수를 올렸다는 점이다. 그와 비슷한 책들이 여러 권 시도되었으나 성공한 책은 별로 없었다."

어떤 책이 베스트셀러가 되면 반드시 그 책을 헐뜯는 사람들이 나오는 법이다. 그 당시 나는 1년 동안 외국에 나가 있었기 때문에 내 책에 관한 소식을 모른 채 여행을 했는데, 돌아와 보니 내 책도 예외는 아니었다. 더 뜻밖의 사실은 내 책을 대단치 않다고 평한 바로 그 사람이 비슷한 책을 내놓았다는 점이다.

베스트셀러보다 좋은 책은 얼마든지 있다

책이 많이 읽히게 되는 이유가 무엇일까. 한 독자가 다른 독자에게 책을 소개하며 이끌어 내기 때문이다. 신문에 광고를 크게 내거나 텔레비전에 선전을 했기 때문에 많이 팔리는 책은 일시적인 현상에 그친다. 그러나 홍보를 하지 않더라도 독자가 독자에게 소개하는 책은 장기간에 걸쳐 많은 독자를 갖게 된다.

또 우리나라의 통계에도 문제가 있다. 과거에는 출판사가 책을 많이 팔기 위해 대형 서점에 판매 부수를 올려 주도록 부탁하는 일도 있었고, 신문 광고에는 일주일 만에 몇만 부가 팔렸다는 허위 선전도 자주 실렸다. 그런 광고와 선전을 믿은 독자들 덕분에 짧은 기간에 많은 책이 팔리기도 했다.

또 어떤 저자나 출판사는 베스트셀러 메이커가 되려고 노력하기도 한다. 그래서 묘한 제목을 붙이기도 하고 독자층을 겨냥해 호기심을 자극하기도 한다. 내 친구의 이야기가 생각난다. 출판사에서 이 제목이 좋겠다기에 그렇게 하라고 했더니 베스트셀러가 되었지만,

더 좋은 내용의 책들은 그것의 5분의 1도 팔리지 않았다는 것이다.

어떤 출판인도 한 번 출판했던 책인데 제목을 괴상한 것으로 바꾸고 자극적인 선전을 했더니 베스트셀러가 되었다고 말했다.

그런 사례는 과거에만 있었던 것은 아니다. 지금도 비슷한 상술을 쓰는 사람들이 없지 않다는 것은 누구나 인정한다. 그러나 그런 책은 긴 세월에 걸친 베스트셀러는 되지 못한다. 독자가 독자를 유도해 내지 못하기 때문이다.

이렇게 얘기하면 베스트셀러는 읽을 필요가 없다는 견해로 기우는 것 같아 미안하지만, 내가 강조하고 싶은 것은 베스트셀러보다 좋은 책이 얼마든지 있을 수 있다는 점이다.

문제는 독서 수준이 낮거나 유행에 민감한 사회에서는 베스트셀러를 가려 읽어야 한다는 점이다. 만일 일시에 많은 부수가 팔리기보다 꾸준히 팔리는 책이라면 읽어도 좋은 책이다. 그렇다고 해서 그 책이 고전적인 위치에까지 올라갈 수 있다고 생각해서는 안 된다. 역사적으로 고전이라고 인정되는 책들은 대개 베스트셀러로 치부되지 않는 것이 보통이다. 적어도 고전에 해당하는 책은 1세기쯤의 생명은 유지해야 하는 까닭이다.

또 베스트셀러를 쓰겠다든지 베스트셀러를 출판하겠다는 저자나 출판사가 있다면 그 자체가 벌써 저작과 독서계의 정도(正道)를 벗어난 상업주의적 성격을 지닌 문화인들이다. 후진사회의 독자들이 상업적으로 이용당하는 문화적 불행의 이유가 여기에 있다.

만일 김은국의 『순교자』가 우리말로 한국에서 출판되었다면 베스트셀러가 되었을까. 일부 독자들의 관심을 끄는 정도였을 것이다. 미국에서 베스트셀러가 된 뒤에도 우리나라에서는 그렇게 많은 판매고를 올리지 못했다. 문제는 저서의 내용보다 독자의 수준인 것이다.

가와바타 야스나리(川端康成)의 『설국(雪國)』이 일본 최초로 노벨문학상을 탔을 때도 그랬다. 좋은 번역도 나왔고 우리와 가까운 나라의 작품이었음에도 불구하고 국내에서는 생각보다 많은 부수가 팔리지는 않았다. 우리나라 독자의 수준과는 어울리지 못했던 것이다.

오히려 우리나라에서 베스트셀러를 읽고 피해를 보지 않았으면 다행이라고 말하는 이도 있다. 독서 전문가의 한 사람인 모 씨가 최근에도 나에게 얕은 지식과 흥미 위주의 정보를 그럴듯하게 포장한 책들은 젊은 학생들이 읽지 않아야 한다면서 걱정어린 말을 했다. 저자의 술수에 속아서는 안 된다는 얘기였다.

내 책도 그렇다. 50년 전에는 글을 쓰는 사람이 많지 않았고, 그 당시의 젊은 세대에게는 그러한 문제의식과 삶의 지혜가 필요했다. 병에 따라 약이 필요하듯이 독자들의 지적 과제에 부응하는 문제를 다룬 것이 책 판매에 도움이 되었을 뿐이다. 지금도 그때 내 책을 읽었던 독자의 인사를 받으면 "그 당시에는 그런 문제를 다루는 책이 필요했었지요"라고 대답하곤 한다. 지금은 더 좋은 필자들이 많이 배출되었으며 독자의 수도 비교가 안 될 정도로 늘었다.

이런 글을 쓰는 것은 우리 주변에서 베스트셀러를 언급할 때 독자들의 현명한 비판과 선택이 중요하다는 점을 얘기해 두고 싶었기 때문이다.

선정도서를 정하는 몇 가지 기준

1993년은 '책의 해'였다. 그래서였는지는 모르겠으나 국민 필독서나 청소년 필독서라는 말이 계속 등장했다. 또 '그레이트 북(Great Book) 100권'이라는 문구를 자주 볼 수 있었다. 한때는 K대학교에서 100권을 선정해 발표한 일도 있었고 어떤 신문사에서는 여론을 수집해서 100권을 필독서로 선정·추천하기도 했다.

1929년 미국 시카고대학교의 총장으로 부임한 로버트 허친스(R. Hutchins)도 세계의 위대한 고전 100권 읽기 프로젝트인 '시카고 플랜'을 시작해 시카고대학교를 세계적인 대학으로 끌어 올린 것으로 유명하다. 그는 학생들에게 고전을 읽게 하는 것이 다른 어떤 교육 방법보다도 좋을 것이라고 생각해 그 뜻을 실천에 옮겼는데 그것이 좋은 성과를 낳았고 높은 평가받았던 것이다. 그 뒤부터 '꼭 읽어야 할 100권'이라는 식의 개념이 보편화되지 않았나 생각한다. 독서운동을 하는 사람들은 지금도 이와 비슷한 독서 방향을 택하기도 한다. 있을 법한 일이다.

나도 '한우리 독서문화운동'을 옆에서 도우면서 그런 작업에 참여한 일이 있었다. 누구나 읽어서 좋을 100권쯤의 책을 선정해 보자는 의도에서였다. 여러 교수와 독서가들의 협조를 청해 보았다. 그러나 만족스러운 성과는 얻지 못했다. 결국은 50권 정도를 선정해 보고 나머지는 나중에 추가하기로 했다.

대학생들을 위한 교양 독서로 100권을 선정한다면 그것은 어느 정도 가능하다. 그러나 일반 독자들을 위해 객관성을 갖춘 100권을 고른다는 것은 좀처럼 쉬운 일이 아니다. 제5공화국 때 우리나라 교육부에서 청년학도들의 필독서 몇십 권을 추천·발표한 일이 있었다. 창피스럽고도 놀라운 것은 그 중에 『소녀경(素女經)』이 포함되어 있었다는 사실이다. 누가 추천했는지 모르나 그것을 추천한 사람도 읽은 적이 없었음에 틀림없다. 읽었다면 성생활에 관한 기술을 서술한 책을 청소년에게 권했을 리가 없기 때문이다. 우스꽝스러운 일이다.

'누구나 읽을 수 있으며 읽어야 할 100권의 책'이라든지 국민의 필독서 같은 개념은 그 자체부터 고집 부릴 내용의 것이 아니다. 대학생들이 읽어야 할 고전 중에 들어가면 좋을 책이나 한국의 지성인이라면 읽어야 한다는 정도의 선정이면 족할 것이다. 요사이 나온 책들처럼 이러저러한 과학적 내용이 어린이들에게 도움이 될 것이라는 식의 표준을 정하면 좋을 것 같다.

도서 선정에는 몇 가지 기준이 있다.

대개의 경우 자연과학이나 이공 계열의 책들은 항상 새로운 학설과 이론이 개발되기 때문에 새로운 저서를 읽는 편이 좋다. 그러나 사회과학 분야의 책은 보통 전통적인 책과 새로운 학설의 책을 반반씩 읽는 것이 좋다. 과거의 학설과 사상을 알아야 현재의 이론이나 학문적 성과를 잘 이해할 수 있기 때문이다.

그러나 사상 및 인문과학 분야의 도서들은 고전적 의미가 언제나 큰 영향을 미치기 때문에 과거의 책들이 중요한 위치를 차지한다. 플라톤이나 아리스토텔레스가 읽히는 것은 물론, 서양인들도 힌두교의 3대 경전인 『베다』, 『우파니샤드』, 『바가바드 기타』에 깊은 관심을 갖는 것도 그런 이유에서이다. 또한 최근에는 노자나 공자의 사상까지도 받아들이고 있을 정도이다.

우리가 말하는 고전들도 대개 지성인이면 누구나 읽으면 좋을 만한 사상과 철학적 내용, 그리고 역사적 의미를 지닌 책을 말한다.

인류에 선한 교훈 남긴 고전 읽기를 권함

영국인은 근대 이후의 영어로 쓰인 고전이나 더 과거로 거슬러 올라가 라틴어 문화권의 책을 읽는데 그 수가 그렇게 많은 편이 아니다. 다시 옛날로 소급해 가면 그리스 문헌들이 있지만 주어진 양이 많지는 않다. 다른 서양 국가들도 마찬가지이다.

그런데 우리는 사정이 다르다. 옛날부터 내려오는 한국 고전도 읽어야 하지만, 그 뿌리가 되는 중국의 고전을 도외시할 수도 없다. 내가 어렸을 때만 해도 중국의 고전을 우리 것보다 더 많이 더 열심히 배우고 읽어야 했다. 내 친구는 "공자나 맹자가 우리나라의 정신적 지주인 듯이 느끼면서 살았다"고 얘기할 정도이다. 또 크리스천들은 기독교 전통의 사상과 저작들을 더 많이 읽는다. 한국 고전은 몰라도 기독교 고전은 더 많이 읽어야 하는 것으로 되어 있다.

그러나 대학에 다니는 학생들은 서양의 고전을 읽지 않을 수가 없다. 그것도 그리스·로마에만 머무는 것이 아니다. 영국·프랑스·독일, 요사이는 미국의 대표적인 책까지 읽어야 지성인의 자격을 갖춘 것으로 여겨지기에 이르렀다. 매우 불행한 일이다. 내가 젊었을 때도 톨스토이나 도스토옙스키 같은 러시아 작가의 대표적인 작품을 읽지 못하면 어딘가 정신적으로 빈곤한 것 같은 분위기였으니 말이다.

문화적 약소국가의 고민과 부담이 여기에 있다.

이런 상황에 있는 우리에게 꼭 읽어야 할 100권이나 필독서를 선정하고 추천한다는 것은 무리한 일이 아닐 수 없다. 나 자신도 그런 노력을 포기한 셈이다. 그리고 독서 자체가 상대적인 것이지 절대적 의의를 갖는 것이 아니다. 아무리 프랑스의 고급 음식이라고 해도 내 구미에 맞지 않는 것을 억지로 먹을 수도 없고 또 누구에게 권할 수도 없는 것이다. 김치나 불고기가 여전히 우리의 음식이듯이 우리에게는 우리의 고전이 있어야 한다.

이제 이야기의 결론을 내려야겠다. 모든 지성인은 독서를 해야 하고, 어떤 책이 좋으며 꼭 읽어서 도움이 되는가 하는 문제는 독서인 자신이 선별해야 할 일이다. 다만, 우리가 읽으면 좋을 책들로 추천할 수 있는 것은 대부분의 인류와 사회에 선한 교훈과 사상적 유산을 남긴 고전에 속하는 책들이다. 그리고 그런 책들은 고전이라는 말뜻에 걸맞게 대개는 오래전에 쓰인 책들이다. 지나치게 현대적인 것은 그 뿌리가 없는 경우가 많다.

　이러한 고전적 의미를 지닌 책 이외에는 각자가 자신의 정신적 성
장과 지성적 활동에 기여하는 데 알맞은 책들을 스스로 선정해 나가
는 것이 좋을 것이다. 그러나 지나치게 기술적 편의나 정보 위주의
독서는 삼가는 편이 좋다. 그것은 정신적 독서라기보다는 편의적 지
식에 치중하는 경향이 짙기 때문이다.

독서의 깊이와 폭을
넓히기 위하여

세계 여행을 하는 사람이 택하는 코스가 있다.

미국에 갔다가 유럽으로 건너가 영국·독일·프랑스·이탈리아·그리스 등지로 가는 코스이다. 나도 세계여행을 떠날 때 그런 코스를 택하곤 했다. 볼일이 있어 미국에 간 김에 유럽까지 방문하게 되니까 그렇다. 그런데 그 코스를 따르다 보면 서구의 전통과 문물을 이해하는 데 적지 않은 어려움을 느끼곤 한다. 여행의 짐을 점점 더 무겁게 짊어지는 것 같은 인상을 받는다.

그 대신, 먼저 이집트를 가보고 다음에 그리스와 로마와 이탈리아를 본 후에 스페인을 여행하는 코스를 택해 보라. 그리고 이탈리아 북쪽에 있는 피렌체를 여행한 다음에 프랑스·영국·독일 등을 거쳐 러시아를 보고 미국을 가보는 코스를 추천한다. 그것이 미국을 먼저 여행하는 코스보다 더 좋다. 유럽의 전통과 문화를 이해하는 데 훨씬 도움이 되며 여행의 정신적 즐거움도 쉽게 얻을 수 있다.

그 이유는 간단하다. 이집트는 문화적 전통이 유럽과는 별개인 사회지만, 그리스에 가보면 이집트와 중동 지방의 정신적 유산이 적잖이 전달되어 있음을 확인할 수 있기 때문이다. 또 그리스를 여행한 후에 로마와 로마시대의 문물을 찾아보면 상당히 많은 유산이 그리스에서 유입되었음을 발견하게 된다. 로마의 문물은 독립된 것이 아니라 그리스적인 전통의 흐름을 타고 있기 때문이다.

오늘을 있게 한 과거를 먼저 읽기

로마의 문화유산을 보고 난 뒤에 스페인, 포르투갈을 여행하면 가장 중세기적인 유산을 접하게 된다. 만일 로마를 보지 못하고 스페인 등지를 여행하면 전통의 맥락이 끊어지는 것 같은 느낌이 들 것이다.

스페인을 거친 후에 이탈리아 북쪽에 있는 피렌체나 베니스를 살피게 되면 중세기에서 근대 문물로 전환하는 과정을 쉽게 발견할 수 있다. 피렌체는 르네상스의 발상지였기 때문이다.

이처럼 역사적인 전통을 따라 여행을 하는 동안에 상고시대와 고대를 알게 되며 중세와 근대 문화의 발상지를 쉽게 탐방할 수 있다.

영국·프랑스·독일 등지에서는 근대 역사가 발전한 뒤에 형성된 각국의 특색 있는 문화를 엿볼 수 있다. 그리고 각 나라들의 문화유산이 얼마나 중세기와 르네상스 시대의 영향을 받았는지를 쉽게 깨닫게 된다. 특히 영국을 거쳐 미국에 가면 미국은 유럽의 지점이나

출장소 같은 인상을 풍기며 아주 쉽게 미국이 어떤 사회인지를 엿볼
수 있게 된다.

마치 큰 나무의 뿌리와 밑동을 거쳐 줄기와 가지를 더듬는 것처
럼 역사적 과정이 자연스럽게 이해되는 것이다. 하지만 거꾸로 가지
에서 줄기, 줄기에서 밑동을 거쳐 뿌리로 가는 순서는 역사적 과정을
이해하는 데 어려움을 준다.

무엇 때문에 이런 상식적인 얘기를 하는가. 철학이나 사상적 개념
을 이해하는 순서가 이와 비슷하기 때문이다. 옛날 고전들로부터 시
작해서 중세, 근대, 현대로 내려오면서 책을 읽으면 모든 개념과 사
상들을 아주 쉽게 파악할 수 있으나 그와 반대로 현대에서부터 근대,
중세, 고대로 거슬러 올라가면 항상 난해성을 느끼게 된다.

그것은 철학적인 개념만 그런 것이 아니다. 모든 학문과 사상적
개념들이 비슷하다. 특히 서양의 철학적 개념이 그렇다. 난해하게 느
껴지는 현대 철학의 개념도 고대로부터 내려오는 순서에 따라 이해
하면 아주 적절한 내용으로 풍부하게 다가온다.

앞에서 이야기한 것처럼 한때 우리나라에서는 하이데거의 철학,
특히 그의 『존재와 시간』이 여러 대학에서 관심의 대상이 된 적이 있
었다. 서울대학교 철학과에서는 석·박사 학위논문의 상당 부분이 하
이데거에 대한 것이었을 정도였다. 물론 이후에는 영·미 계통의 분석
철학이나 새로운 학파가 등장해 그 뒤를 계승하고 있기는 하다.

그런데 하이데거만을 독립시켜 읽고 연구하면 개념과 내용을 공

부할 때 적지 않은 암초에 부딪치게 된다. 물론 연구하는 사람들은 충분히 이해하고 있는 것 같아도 그것은 뿌리가 없는 줄기나 열매를 취급하는 것 같은 상태를 벗어날 수 없다.

만약 그 연구자가 딜타이나 후설(E. Husserl)을 읽고 니체나 키르케고르를 먼저 연구한 후에 하이데거를 읽는다면, 같은 개념과 내용을 이해하는 데 큰 차이를 깨닫게 될 것이다. 만일 그가 바르트의 신학까지 읽을 수 있었다면 하이데거의 철학이 본질적으로 어떤 문제에서 발원되었는지를 쉽게 발견하게 될 것이다.

오래전 일이다. 철학과의 선배 교수와 하이데거를 얘기하다가 내가 키르케고르를 권한 적이 있다. 나중에 그 선배가 키르케고르를 읽고 나니까 하이데거의 철학이 신(神)을 빼놓은 기독교 신학이라는 생각이 들었다고 말했다. 그렇게 보면 하이데거의 철학은 유럽의 전통적 인간관의 한 가지 해석이지 독창적인 것은 아님을 발견하게 된다. 그만큼 하이데거 이해와 해석이 쉬워졌다는 뜻이다.

하이데거를 읽은 사람이 20세기의 대표적 신학자인 틸리히를 읽는다면 어떤 면에서는 틸리히가 유신론적인 하이데거의 해명자였다는 점을 쉽게 발견할 수도 있을 것이다.

이렇게 학문 자체가 시대적인 연결성을 가지면서도 사회와 상호 관련성을 지니고 있다는 사실을 알게 된다면 우리의 공부와 독서 문제에 있어서도 폭넓은 의미를 재발견하게 될 것이다.

우리가 유교를 모르면서 동양 사상이나 철학을 논할 수 없듯이,

기독교 정신을 모르면서 서양 철학이나 사상을 언급하는 것이 옳지 못한 이유가 여기에서도 나타난다고 할 수 있다.

그래서 자연과학은 현재로부터 출발할 수 있고 사회과학은 우리 시대를 기점으로 연구할 수 있으나 인문학, 즉 인간과 사상을 비롯한 철학의 연구는 오늘을 있게 한 과거를 경시하거나 배제할 수 없는 것이다.

정확한 개념 이해에서 새로운 사상이 탄생한다

우리가 가장 많이 쓰고 있는 철학적 개념을 하나의 예로 들어보자. 독일 철학계에서 가장 많이 애용되는 개념의 하나는 이성(Vernunft)이다. 칸트와 헤겔에서 이성의 개념을 배제한다면 독일 철학은 유지될 수 없을 정도로 항용되는 개념이다.

이러한 이성이라는 개념이 그리스에서 사용될 때는 누스(nous)로 통용되었다. 누스는 다양하고도 폭넓은 개념으로 쓰였다. 어떤 때는 사물과 존재의 법칙인 로고스(logos)까지도 포함하는 인식과 존재의 주체이면서 정신적 기능의 보편성을 지니고 있었다. 합리적 사고를 이끄는 로고스를 포함하는 모든 정신적 기능을 포함하는 것이었다.

누스가 라틴어 세계로 들어오면 라티오(ratio)의 영역으로 압축되기 시작한다. 지금 우리가 쓰고 있는 합리주의(rationalism)의 근원이 되는 개념으로, 사물과 사유의 합리성이 그 중심을 이루고 있다. 따라서 이성적 사고가 곧 합리성과 통한다고 생각되었다.

라티오라는 개념이 근세로 접어들면 우리가 흔히 사용하는 이성이라는 뜻으로 이어진다. 이성을 가장 폭넓게 철학적인 개념으로 정착시킨 학자가 칸트와 헤겔이었다. 이성은 인식기능의 핵심인 동시에 전체인 듯이 여겨져 왔다. 칸트는 순수이성과 실천이성을 따로 다뤘을 정도이다. 그 결과로 나타난 것이 인간은 이성을 가진 동물이라는 표현이었고 근대정신은 이성적인 인간으로 대표된다고 보았던 것이다. 계몽정신의 핵심도 이성이었다.

그러나 그 전통이 그대로 이어진 것은 아니다. 경험주의를 창출해 낸 영국의 철학계에서는 이성은 하나의 추리기능으로 좁혀져 사용되었고, 이성의 철학적이며 형이상학적인 성격은 일찍부터 배제되었다. 그들은 이성 대신에 심리학적 배경을 가지는 의식이라는 개념을 더 보편화시켰다. 이성 작용이란 의식 기능의 대명사에 지나지 않는다고 보았기 때문이다.

그러나 독일에서는 오랫동안 이성 중심의 철학이 계승되어 오다가, 헤겔이 이성의 일반적 사유에 대한 인식의 심리적 기능을 대표하는 의식(Bewußtsein)이라는 개념을 추가한다. 어떤 사람은 헤겔 이전과 헤겔 이후를 구분하는 분기점은 의식 개념을 전후로 해서 이루어졌다고 말한다.

그러다가 현대에 접어들고 철학적 개념들이 과학적 정밀성을 띠게 되면서 이성보다는 의식의 개념이 더 적절히 우리의 시대를 대신하고 있다. 이런 여러 개념의 내용은 그 시대에 따라 독립시켜 보면 좁은 성격과 내용을 갖는 것 같지만, 긴 역사적인 흐름에서 본다면 커다란 동일성 속에 작은 특수성들이 나타나고 있었음을 확인할 수 있다.

하이데거가 애용하는 개념 중의 하나는 '세계 내(內) 존재'라는 말이다. 이 경우의 세계는 그리스 철학자들이 주로 전제나 배경으로 삼았던 자연세계는 아니다. 물론 전적으로 반(反) 또는 비(非) 그리스적이라는 말도 아니다. 그리스의 위상에서 본다면 탈(자연세계) 또는 초(자연세계) 또는 포(包) 세계적인 개념이라고 보아야 할 것이다.

그렇다고 해서 중세적인 세계나 고대적인 세계와도 일치하지 않는다. 하이데거가 말하는 세계는 빌헬름 딜타이가 말하는 삶의 철학을 가진 존재론적 개념이기 때문에 그 특유의 성격과 내용을 갖는 것이다.

이런 문제를 취급하는 것은 개념과 사상의 역사적인 이해와 그 특수성을 가려 보기 위함이며, 개념의 정확한 이해가 새로운 개념과 사상을 탄생시키는 중요한 계기가 될 수 있다는 점을 지적하고 싶어서이다.

상식과 교양을 쌓는 독서에서 학문과 사상을 추구하는 독서로

예전에 우리나라의 '밀턴 학회'에서 펴낸 논문집을 읽는 중에도 같은 내용의 서술을 찾아볼 수 있었다. 우리나라의 학자들은 대개가 『실낙원』의 저자인 밀턴을 개별적으로 독립시켜 연구하는 경향이 너무 강하다. 또 그렇게 볼 수밖에 도리가 없는 듯이 생각하기 쉽다. 그러나 서구인의 밀턴 연구는 밀턴이라는 한 점을 통과하는 선은 얼마든지 있으며, 그중 어느 선에서 밀턴을 보는가에 따라 커다란 차이점을 발견하게 되는 것이 상식으로 되어 있다. 사실 『실낙원』이나 단테의『신곡』속에 들어 있는 사상과 정신은 독립적인 한 권의 책으로 분석되고 연구될 내용이 아니다.

안타깝게도 우리의 독서와 독서를 통한 학문적 연구의 단점이 이런 것이다. 만일 유행하는 책이나 읽고 널리 소개된 베스트셀러만 읽으면 된다는 식의 독서라면 그것은 상식과 교양 수준의 독서에 머물 뿐이다. 정신적이고 학문적인 가치와 의미를 동반한 독서라고는 생각할 수 없기 때문이다.

일률적으로 이런 평을 내리는 것은 옳지 못하나 우리가 미국의 수많은 베스트셀러에 큰 관심을 두지 않는 이유 중 하나가 여기에 있다. 자연과학 분야는 미국이 앞서 있고 사회과학 분야도 미국적 특색과 장점이 있으나, 미국의 문학 작품에서 풍기는 성격과 전통은 의아심을 품게 하는 것들이 적지 않다.

한때 우리나라에서도 너새니얼 호손(N. Hawthorne)의『주홍글씨』가 큰 화제를 모은 적이 있었다. 나도 학생들과의 대화를 위해 읽기는 했지만, 별로 큰 문제의식도 느끼지 못했고 작품으로서의 가치도 높이 평가할 수 없었다. 물론 내 견해가 꼭 옳은 것이라고는 생각지 않지만, 무엇 때문에 그 책이 그렇게 큰 선풍을 일으켰는지 그 배후와 진의에 회의가 든 적이 있었다.

우리가 이런 얘기를 나누는 것도, 상식과 교양 수준의 독서가 아닌 학문과 사상 면에서 비중 있는 독서를 하려면 또 다른 차원의 관심과 견해를 가져야 한다는 점을 지적하기 위해서이다.

독서 인구가 늘어나는
사회를 향하여

여러 해 전의 일이다.

부산에서 서울로 오는 새마을호를 타게 되었다. 빈자리가 많았기 때문에 앞 의자를 돌려놓고 편히 앉아 있는데, 한 중년 부인이 딸애를 데리고 와 인사를 하더니 대구까지 가는 동안에 몇 가지 이야기를 나누고 싶다고 했다. 어머니는 자기 큰딸이 이번에 E대학교에 입학했는데 기숙사 신청을 위해 서울까지 동행한다고 말했다.

그러고는 "선생님, 저는 고등학교와 대학에 다닐 때 선생님의 책을 무척 좋아했습니다. 그 당시에는 『영원과 사랑의 대화』나 『고독이라는 병』을 읽지 않은 학생들이 없었지요. 저는 모 대학의 교수로 있는 제 남편이 소개해 주어서 선생님 책을 읽게 되었습니다. 또 그것이 인연이 되어서 결혼도 했고요……"라며 자기소개를 해주었다.

내가 E여대에 자주 강연을 갔으니까 그때부터 내 얼굴을 기억하고 있었던 것이다.

어머니의 걱정은, 그때 자기네들은 그래도 1년에 몇 권씩의 책은 으레 읽어야 하는 것으로 알고 있었는데, 우리 애들은 시험공부에 쫓겨 전혀 책을 읽지 못하고 있으니 얼마나 불행하냐는 것이었다. 그래서 자녀에게 내가 쓴 책 두 권을 주면서 대학 공부가 시작되기 전에 읽으라고 당부했다고 했다.

물론 그 어머니와 그녀의 남편은 내 책만 읽은 것은 아닐 것이다. 그때만 해도 오래전이니까 글을 쓰는 사람이 많지 않았고 때마침 내 책이 많이 읽히던 시기였으니 내 책도 읽었을 것이다.

학교 공부의 부담으로 독서가 빈곤해지는 현실

그래서 그 딸에게, "요사이 젊은 세대는 나 같은 사람보다 새로운 교수나 문인의 책을 즐기겠지요? 독서의 취향이나 사고의 방향이 많이 달라졌으니까"라고 물었다. 딸은 빙긋이 웃기만 했다. 그 미소 속에는 자기를 비롯한 친구들은 거의 독서를 하는 이가 없다는 사실이 암시되어 있는 것 같았다.

우리 세대에 비하면 그 어머니의 세대는 독서를 적게 하는 편이었고 그 딸의 세대에서는 거의 독서를 하지 않는다는 시대적 흐름을 실감했다.

물론 입학시험 준비를 위한 부담도 컸을 것이다. 그러나 외국에서는 좋은 대학에 입학하려면 많은 책을 읽어야 하는 것으로 되어 있고, 대학 4년간은 책을 읽는 것을 수업의 본령으로 삼고 있다. 한 학과목을 이수하기 위해서는 보통 1500페이지 이상의 책을 읽는 것이 과제로 되어 있다. 읽지 못하면 학점을 취득할 수가 없다.

그런데 불행하게도 우리 대학에서는 소위 '교재'라는 것이 주어져 있다. 그래서 고등학교 학생들이 교과서를 배우듯이 대학생들도 주어진 교재만 읽으면 되는 것으로 착각한다. 인문이나 사회 분야를 전공하는 학생들도 예사로이 "교수님 교재는 무엇입니까?"라고 물어온다. "우리 과목에는 교재가 없다"고 말하면 이상하게 생각한다.

내가 일본에서 대학을 다닐 때도 교수는 강독 시간을 제외하고는 무조건 강의를 했다. 강의하는 도중 몇 사람의 저서를 소개해 주며 그 내용을 요약해 준다. 그러면 우리 학생들은 앞다투어 그 책을 읽었다. 모르면 교수의 강의를 충분히 이해할 수 없었기 때문이다.

이처럼 외국에서는 선생들이 가르치는 내용을 보충하기 위해 필요한 독서를 하도록 이끌어 준다. 그러니까 학원이나 과외 공부가 불필요해진다. 독서가 곧 수업이기 때문이다. 하지만 우리는 초등학교에 다닐 때 공부하던 방식을 중·고등학교는 물론이고 대학에서까지 그대로 이어가고 있는 셈이다. 시간 여유가 있거나 학교 공부에 만족하지 못하는 학생은 학원이나 과외 공부를 통해 똑같은 방식의 공부를 더 추가할 뿐이다.

그러므로 학교 공부가 점점 부담스러워질수록 자신의 성장을 위한 독서는 빈곤해지는 불행한 현실이 되어 버린 것이다. 기현상이 아닐 수 없다.

오늘날 학생들이 독서를 안 하게 된 또 하나의 이유는 텔레비전을 비롯한 영상 매체에 너무 많은 시간을 할애하기 때문이다. 그로 인한 시간적 낭비는 점점 더 심해지고 있다.

1960년대였을 것이다. 일본의 저명한 한 평론가가 『TV망국론』을 펴내 일본 국민들, 특히 지성 사회에 파문을 일으킨 적이 있었다.

가정주부나 노인들이 소일거리로 보기에 알맞은 텔레비전에 젊은 층과 지성인들까지 시간을 빼앗기게 되면 일본의 장래가 우려스럽다는 주장이었다. 텔레비전에 빠지면 생각하지 못하고 보기만 하는 민족이 되며, 피상적인 상식에 만족하면서 문제의식을 갖지 못하는 국민이 된다는 경고였다.

그래도 일본의 독서인구는 우리보다 50배 정도는 많다. 일본의 큰 출판사 한 곳에서 발행하는 출판 부수가 우리나라 출판사의 전체 출판물 부수를 능가할 정도였다. 1961년 미국 시카고대학교 출판부의 예산이 그 당시 우리나라의 한 대학 예산을 앞질렀다.

독서도 빈곤하고 문제의식도 갖추지 못한 우리가 독서 시간과는 비교가 안 될 정도로 많은 시간을 텔레비전과 영상 매체에 빼앗기고 만다면 그 정신적 불모지를 무엇으로 메꾸어 나갈 수 있겠는가.

물론 시대적 흐름과 요청을 외면하거나 역행할 수는 없다. 그러나 정신적 뿌리가 없는 민족처럼 사고와 문제의식 없이 표피적인 과제에만 관심을 갖게 된다면 그 결과는 어떻게 되겠는가.

무지와 힘이 지배하는 무독서의 사회

설상가상으로 더 어려운 문제도 지적해야 할 것 같다.

그것은 무지와 힘이 지배하는 사회가 되면서 지성의 가치와 학문적 교양을 갖추지 못한 지도층 인사들이 정치·경제계를 지배하고, 사회는 온통 힘과 정신적 폭력에 편승해 가게 된다는 사실이다. 그래서 정치 지도자들이 사용하는 개념이나 지향점이 상식과 지성계를 짓밟아 버리는 경우가 점점 더 심해지고 있다.

지난 몇 해 동안 우리는 지도자들의 사리에 맞지 않는 발언과 관념이 국민을 정신적 혼란에 빠뜨리는 장면을 자주 목격해 왔다. '전국민의 과학화'라는 말이 가능할 수 있는가를 묻지도 않고 정부 지도자들을 따라다녔다. '선진조국의 창조'라는 표어도 어디에나 붙어 있었다. '건설'이나 '창건'이라는 말까지는 몰라도 '창조'라는 말은 그렇게 쉽게 사용할 수 있는 말이 아니다. 또 지성인들이 그런 말을 따라다녀서야 되겠는가.

그런 비지성적인 개념은 계속 사용되고 있다. 그래서 지적 사고와 정신적 질서의 혼미를 가중시키고 있다. 그 결과 힘이 지성을 좌우하는 사회가 되어 버린다. 힘을 가지는 사람이 공부하는 사람보다 실력자로 인정받으며, 정치력이 학문·예술·도덕의 질서까지 지배할 수 있는 것으로 착각하게 된다. 학문을 하기보다는 정당인이 되려고 하며, 예술인들이 본분을 제쳐놓고 감투싸움에 뛰어든다.

결국 지성과 학문을 제2선으로 후퇴시키는 결과를 낳고 수준을 갖춘 지성적인 독서를 경멸하는 풍조를 만들어 버렸다. 지성이 말하는 사회가 아니라, 힘이 소리 지르면 되는 사회로 변질되고 만 것이다. 약간은 무식해야 출세한다는 대중심리가 먹혀들고 있는 것이다. 지성보다는 조직이, 합리성보다는 수단과 방법이, 인간성이나 인격보다는 유형·무형의 힘이 질서를 지배하고 파괴하는 세태로 추락하고 있다.

지성인들과 지도층 인사들이 비중 있는 독서를 기피하거나 멀리하는 이유의 하나가 여기에서 기인하고 있다. 국가의 장래를 위해 걱정스러운 일이 아닐 수 없다.

한국을 비교적 잘 아는 한 미국인의 얘기가 생각난다.

그는 한국에서는 대화와 토론이 없기 때문에 공부나 연구의 필요성이 줄어드는 것 같다고 했다. 미국 교수들은 학회에서 대화나 토론을 하는 분위기가 일반적이기 때문에 연구 활동과 창의적인 사고가 없으면 무지가 드러나며 낙오자가 될 우려가 크다. 그런 이유로 연구와 독서를 게을리할 수 없다는 얘기이다. 또 학생들과의 수업이 대화와 질문으로 이루어지기 때문에 폭넓은 새로운 지식이 필수적이다. 쉽게 말하면, 공부하지 않는 사람은 지성 사회에 설 자리가 없으며 자신의 능력을 인정받지 못하게 된다.

이에 비하면 우리의 지성계, 종교계, 학계에서는 주장과 독선적 신념이 고조될 뿐 참다운 대화와 토론이 없다. 특히 이러한 불행을 초래하는 부류에 종교계 지도자들이 포함된다는 것은 매우 유감스러운 일이다.

대화와 토론은 더 높은 지식과 더 새로운 가치관을 도출하는 지름 길이기 때문에 그 노력을 소홀히 해서는 안 된다. 대화와 토론의 광장에 동참하기 위해서는 더 많은 독서와 연구가 필요한 것이다.

고전은 지성인의 정신적 양식

사람들은 현재를 정보화 시대라고 말한다. 더 빨리 더 많은 정보를 받아들이는 사람이 승리자가 되며 지도력을 갖추는 것으로 생각한다. 산업사회와 정보화의 기능은 누구도 반대하거나 부정하지는 않는다.

그렇다고 해서 나무의 잎사귀나 가지에만 의존하고 밑동과 뿌리는 키우지 못한다면 그 나무가 크게 자랄 수 있을까. 뿌리 깊은 나무를 가지와 잎사귀만 무성한 나무와 똑같이 평가하는 것이 옳은가. 독서가 없는 사회는 밑동이 약한 나무와 같아지며, 고전을 외면한 사회는 뿌리가 없는 나무와 같아진다는 사실을 가볍게 여겨서는 안 된다.

국민에게 광범위한 독서 습관을 키우며 대학과 지성 사회에 고전을 읽도록 권장하고 싶은 이유가 여기에 있다. 사람들은 누구나 가지와 잎이 되어 남에게 나타나기를 바라는 반면, 더 소중한 밑동과 뿌리가 되려고는 하지 않는다. 그것이 독서와 고전을 외면하는 원인이 되어 버린 것이다.

어떤 사람들은 신문을 읽을 시간도 없는데 독서를 할 시간이 생기겠냐고 반문한다. 아마 뜻있는 사람이 듣는다면 그보다 부끄러운 얘기는 없을 것이다. 그것은 2, 3류 정치인들이나 장사를 하는 사람에게는 해당할지 모른다. 지성인들과 사회지도자들이 그런 생각을 갖는다면 그것은 대단히 큰 불행의 원인이 될 것이다. 거리에서 인스턴트 음식을 사먹으면 되지 굳이 가정에서 식사를 해야 하느냐는 식의 논리와 같은 것이다.

내 친구 한 사람은 신문을 읽는 데 15분 이상을 소비하는 일이 없었다. 그것은 그가 지적인 지도자였기 때문이 아니다. 그 이상의 시간을 신문에 쏟을 필요가 없었기 때문이다. 또 어떤 이들은 유행하는 책과 베스트셀러 읽기에도 바쁘다는 얘기를 한다.

그러나 중요한 독서의 대상은 역시 고전이다. 누가 뭐라고 해도 한 권의 고전다운 고전은 열 권의 유행하는 책보다 읽을 가치가 있다. 그것은 경험해 본 사람이면 누구나 인정하는 바이다. 물론 독자마다 읽고 싶은 고전이 다 같을 수는 없다. 그러나 고전다운 고전은 시중에서 떠드는 베스트셀러 열 권보다 더 큰 무게와 영향력을 갖고 있다. 인류의 정신사적 흐름을 이끌어 온 고전은 모든 지성인의 정신적 양식이 되지 않을 수 없는 것이다.

독서하는 인구가 늘어나고 고전을 사랑하는 지식인층과 지도층이 확대될 수 있다면 사회의 모든 문제를 해결해 주는 근간이 될 것이다.

독서하는 국민,
책을 가까이 하는 민족

지금까지 우리는 같은 시대를 산 한 사람의 독서 편력을 살펴본 셈이다. 필자를 중심으로 한 내용이었기 때문에 일반성이나 객관성을 보증할 수 없을지도 모른다. 또 그럴 수밖에 없는 제약이 있기에 보편성을 위한 특수성과 전체성을 돕는 개별성의 의미가 있다고 보면 좋을 것 같다.

한국적인 고전은 물론, 우리 사상의 역사적 체계를 위해서도 몇 권의 저서가 소개되어야 할 것이다. 『삼국유사』를 비롯한 몇 권의 역사책도 읽어야 하며, 사상 및 철학적인 고전들도 필요하다.

또 필자의 사정상 동양의 고전들은 예시해 줄 수가 없었다. 『우파니샤드』를 비롯한 인도의 고전들, 불교 경전의 일부 및 중국의 고전들은 필수적인 것들이다. 나 자신도 그중의 몇 권을 읽었는데, 지금까지 소개한 어떤 책들보다 더 큰 지식과 교훈을 얻은 것도 사실이다.

그런 영역의 책들은 또 다른 전문가의 안내를 받아 읽는 편이 좋을 것이다. 그리고 독자들 스스로가 읽는 동안에 개척해 나가야 할 영역에 속하는 것들이다. 제한된 시간과 능력으로 가장 알찬 독서와 공부를 한다는 것은 우리 각자의 책임이다. 어떤 규정이나 유형이 꼭 필요한 것은 아니다.

그 밖에도 부족한 점이 없지 않다. 사실 나 자신이 가장 많은 시간과 정성을 쏟아 읽은 책들은 전공 분야에 속하는 것들이었다. 그렇다고 해서 그 어려운 전공 분야의 책들을 소개하거나 권한다는 것은 불필요하며 독자들에게 유익한 관심거리가 되기 어렵다.

사실 우리가 독서를 한다는 것은 학문적인 전공 분야에 속한 것을 가리키지는 않는다. 그것은 몇몇 사람에게 부과된 학문적 과업에 속하기 때문이다.

다행스럽게도 나 같은 사람은 전공 분야 이외의 도서까지도 비교적 넓게 읽은 사람의 하나였기 때문에 지금까지의 글들이 몇몇 독자에게는 도움이 되었기를 바라는 마음이다.

아쉬운 것은 오늘의 독서인들, 특히 젊은 세대들을 위한 책들도 소개할 수 있었으면 좋았겠지만 그러지 못했다는 점이다. 그러나 그것은 어느 정도 세월이 지난 다음에 또 다른 사람을 통해 소개받아도 좋을 것 같다.

인간과 사회의 본질을 알려면 고전을 읽어라

독일에 가면 아직 살아 있는 사람의 저서나 사상을 대학에서 강의하는 일은 거의 없다. 때가 이르다고 보는 까닭이다. 물론 대학생들은 읽는다. 그러나 대학의 강의로서는 이르다고 생각한다. 따라서 여전히 칸트나 헤겔은 계속 연구·발표되곤 한다. 그것은 학문을 위해서는 전통적인 것을, 상식을 위해서는 현실적인 것을 택하는 관습에서 비롯된 것일지도 모른다.

한때 뉴레프트 운동이 세계를 휩쓴 일이 있었다. 공산주의가 구 소련과 중국을 지배하고 있던 때였다. 그러나 그 바람이 스쳐 지나간 후에는 그 당시를 대표하던 사상서나 저작들도 큰 영향을 일으키지 못했다.

오래전에 제자 한 명이 독일로 유학을 떠났다. 사실 그는 프랑크푸르트대학교를 선호했고, 사회철학의 주류를 이루고 있던 뉴레프트적인 경향을 공부하고 싶어 했다. 그러나 나는 그에게 좀 더 고전적인 분야를 연구하도록 권했다. 마르크스 철학이나 뉴레프트 사상은 그 역사적 수명이 길지는 않을 것이며, 그렇게 비중 있게 다룰 필요는 없을 것 같다고 얘기해 주었다. 물론 그런 판단에는 나 자신이 가지고 있는 좌익 철학에 대한 부정적 편견이 작용한 것도 사실이다. 그 젊은이는 내 충고를 받아들인 것을 지금도 후회하지 않는다고 했다.

한번은 우리나라 신문에도 마르크스의 열풍이 잦아들었기 때문에 오히려 막스 베버(M. Weber)의 『프로테스탄트의 윤리와 자본주의 정신』 같은 책이 읽힐 때가 왔다는 얘기가 실린 것을 보았다. 마르크스가 나쁘다는 것은 아니다. 베버의 저서가 소원해지고 있었다는 사실이 옳지 못했음을 지적한 것이다.

마르크스주의자들은 마르크스가 가장 우수한 과학적 정신의 소유자였다고 평하고 있다. 그러나 나는 오래전부터 베버가 훨씬 더 과학적이었다고 생각하고 있었다. 마르크스는 어떤 철학적 목표에 맞추어 가기 위해 사실을 왜곡시켰지만, 베버는 현실의 과학적 분석에서 어떤 방향과 이상을 암시해 주었다. 훨씬 더 과학적 자세를 견지하고 있는 셈이다.

그런 뜻에서 고전을 포함한 폭넓은 독서를 권하고 싶다. 특히 고전을 읽는 일을 소홀히 해서는 안 될 것이다.

적지 않은 나의 친구들이 대학에 다닐 때 공부한 전공 분야는 다분히 자연과학과 공학 계통의 영역을 넘어서지 못하지만, 그때 읽었던 고전들은 삶의 본질과 이념에 관한 것들로, 그것이 전공 분야의 근거를 만들어 주었다고 말하는 것을 자주 듣는다. 나 자신도 오랜 대학 생활을 하면서 대학의 본질은, 고전을 통해 휴머니즘에 참여하는 자세를 갖추는 데 있다는 생각을 되새기곤 한다.

대학의 교양과정이 그것에 의미를 두고 있다. 법학은 하나의 기술일 수 있어도 고전은 인간과 사회의 본질을 알려 주기 때문에 로스쿨 제도가 생긴 것이라고 생각한다. 가장 우수한 대학생들이 대학에 들어와 고전적 휴머니즘을 쌓고 그 위에 법적인 기술과 기능을 배운다면 법관이나 법의 실무자로서의 자격을 제대로 갖춘다고 보기 때문이다.

이에 비하면 법전을 공부하고 사법고시에 통과한 사람들은 고전적 휴머니즘을 갖추기 어렵기 때문에 법의 기술은 배울 수 있어도 인간과 사회를 바르게 이끌어 갈 자질을 갖추는 점에서는 뒤진다고 할 수 있다. '법은 알지만 인간을 모르는 지도자보다는, 인간을 이해하기 때문에 법적 기술이 정당하게 평가되는 법치사회를 만드는 것이 바람직하지 않겠는가' 하는 생각에 사회적 공감대가 형성되고 있다. 그런 뜻에서 고전적인 저작들을 찾아 읽는다는 것은 지성인과 지도자로서는 필수적인 조건이라고 보아도 좋을 것 같다.

예술 감상을 돕는 독서의 새로운 영역

여기에 한 가지만 더 추가하기로 하자. 지금까지의 이야기는 어떻게 보면 독서를 위한 독서라는 방향을 택했던 셈이다. 그러나 또 다른 면에서는 독서가 하나의 수단이 되는 경우도 있다. 물론 독서 자체가 궁극적인 목적은 못 되기 때문에 독서 수단론이 제기될 수 있다. 그러나 내가 말하는 것은 다른 뜻을 갖는다.

나는 지금도 시간이 나면 그림책이나 화집을 들추곤 한다. 최근에도 피카소의 그림이나 샤갈의 화집 등을 자주 본다. 그리고 그 그림들에 관한 해설과 감상 후기 등을 통해 예술의식 같은 것을 깊이 느끼게 된다. 일종의 그림 공부인 셈이다. 그림책을 통해 화가의 예술

세계에 젖어든다는 것은 큰 행복 중의 하나이다. 그러다가 기회가 생겨 직접 그 그림을 접하게 되면 그때 받는 예술적 감격은 그 무엇으로도 표현할 수 없을 만큼 크다.

조각도 그렇다. 작가 미상의 그리스 조각들을 책에서 보다가 직접 파리의 루브르박물관이나 런던의 대영박물관에서 그 작품을 대하게 되면 대단히 감동적인 교훈을 얻는다. 미켈란젤로나 로댕의 조각을 직접 보기는 어렵다. 그러나 책에서 사모할 정도로 친밀해졌다가 로마나 파리에서 그들의 작품을 접하게 되면 그 충격적인 감흥은 오랫동안 사라지지 않는다.

그다음부터는 그 그림책을 더 사랑하게 된다. 그들의 예술성을 절박하게 느낄 수 있기 때문이다. 이런 과정은 책을 통한 간접적인 감상이라고 볼 수도 있으며, 우리를 깊은 예술세계로 이끌어 주는 길잡이가 되기도 한다.

셰익스피어의 책을 읽은 후에 그 유적을 찾아보면 더 깊은 인상이 남는데, 예술작품을 책으로만 보다가 직접 대하게 되면, 그 감동은 책에서와 질적으로 다르다. 우리는 렘브란트의 〈야경〉이라는 그림을 잘 알고 있다. 책으로만 보다가 직접 그 앞에 서면 완전히 다른 느낌, 놀라움을 동반한 충격을 경험하게 된다.

오래전에 스페인의 톨레도에 갔다가 엘 그레코의 〈오르가스 백작의 장례식〉을 본 적이 있다. 지금도 그때의 감격스러움을 생생히 기억하고 있다. 화집에서 그 그림들을 대할 때마다 예술의 위대함을 다시금 떠올리곤 한다.

나는 아주 우연한 계기로 우리나라의 옛날 도자기와 민화에 애착을 느끼게 되었다. 기회만 생기면 책을 통해 옛날 도자기와 민화들을 살펴보고 감상하는 습관을 키웠다. 그래서 이제는 시간이 생기면 인사동의 골동품상과 박물관을 찾아다니며 도자기와 그림들을 감상한다. 민화는 개인의 소장품 전시회나 국립박물관이 아닌 곳에서 찾아보는 것이 보통이다.

만일 내가 책을 통해서 도자기나 민화를 공부해 두지 못했다면 박물관이나 개인 소장의 도자기와 민화를 그렇게까지 사랑할 수 있었겠는가.

우리나라 도자기 중에 가장 한국적인 특성을 지닌 것은 조선왕조 초기의 것들이다. 주로 백자가 그 주류를 이루고 있다. 유감스러운 것은 일본의 학자들이 먼저 그 예술성을 찾았고 우리는 그 뒤를 따라야 했다는 점이다.

외국인들의 우리 민화에 대한 관심은 대단했다. 그리고 그들은 우리나라 유명 화가들의 그림보다 민화를 더 좋아해서 벽에 걸어두고 감상하기를 즐긴다. 전통적인 그림은 채색이 뚜렷하지 못하나 민화는 원색을 즐겨 썼으며, 그 색조가 그렇게 자연스러울 수가 없다. 100년 전의 피카소보다 더 추상성과 상징성을 나타내고 있는 우리의 민화를 볼 때면 경의를 표하고 싶어진다.

조선왕조 초기의 백자들도 그렇다. 그것만큼 자연미와 인간미가 풍부하게 조화를 이루며 생활미까지 깃들인 도자기들은 다른 사회에서는 찾아보기 어렵다. 그 가치를 아는 사람들에게, "이것이 우리 민족의 삶에서 우러나온 예술이구나" 하는 감탄을 자아내게 한다.

만일 이러한 예술적 감상으로 통하는 길이 예술 서적을 매개로 이루어진다면 우리는 독서의 또 다른 영역을 발견하게 되는 것이 아니겠는가.

사회문제 해결의 열쇠는 건전한 독서에 있다

그런 의미에서 독서의 영역은 한없이 넓으며 우리의 삶과 사상의 영역이 그대로 독서의 한계와 합치된다고 볼 수도 있을 것 같다. 지금 우리는 우리 사회의 많은 문제를 걱정하고 있다. 팽창해 가고 있는 황금만능 사상도 그 하나이며, 생명과 인간에 대한 존엄성의 상실도 지적하지 않을 수 없다. 절대 다수의 청소년들이 비판 없이 유행을 좇는 가치관의 문제도 가벼이 볼 수 없다.

어느 정도 경제는 성장했다고 하나 그 정신적 후유증은 앞으로 점점 더 심각해질 것 같다. 오히려 가난과 싸우던 시대가 더 값진 삶을 살았던 때였을지도 모른다.

이 모든 문제의 근본적 해결을 모색하는 길은 무엇인가. 어떻게 해야 이 민족의 역사적 오류와 잘못된 방향을 바로잡을 수 있는가.

사람들은 교육의 개혁을 외치며 종교가 제 구실을 해야 한다고 주장한다. 물론 그렇다. 그러나 교육을 바로잡는 방법의 하나도 건전한 독서를 수용하는 데 있으며, 종교적 신앙을 건설적인 방향으로 이끌어 가는 길도 신앙의 이성적이며 도덕적인 기틀을 찾는 데 있지 않겠는가. 그러기 위해서는 독선적인 교리나 감정적인 자극을 일삼는 설교나 종교행사를 벗어나, 깊이와 내용이 있는 경전 연구와 신앙적 체계를 갖춘 넓은 의미의 학습과 독서가 필수적인 과제로 떠오르지 않을 수 없다.

문제는 이렇게 소중한 정신적 과업을 소홀히 여기고 감각적이고 즉흥적인 만족을 위해 달리는 사회 분위기를 어떻게 건전하고 건설적인 방향으로 바꾸고 그 차원을 높일 수 있는가 하는 것이다. 그것의 확실한 방법 중 하나가 언제나 독서하는 국민, 책을 가까이하는 민족으로 변화하는 것이다. 가치관의 문제는 물론이고 도덕적 기강을 바로잡는 길도 건전한 독서와 더불어 이루어져야 한다.

'책을 읽는 개인이 지도자가 되며, 독서하는 민족이 세계를 이끌어 갈 수 있다'는 말은, 하나의 구호가 아니라 우리 모두의 신념이 되어야 할 것이다.